シリーズ福祉のすすめ 3

# 現代 障害福祉のすすめ

馬場茂樹 和田光一 編著

学文社

### 編　著　者

＊馬場　茂樹　創価大学文学部社会学専修教授
＊和田　光一　創価大学文学部社会学専修教授（第1章）
　熊澤　利和　高崎経済大学地域政策学部地域づくり学科教授（第2・6章）
　椎名　清和　つくば国際大学産業社会学部社会福祉学科准教授（第3章）
　筒井　澄栄　岡山県立大学保健福祉学部准教授（第4・5章）

（＊は編者：執筆順）

#  は じ め に

　1990年の社会福祉関係八法改正により，施設福祉から在宅福祉への転換が図られるようになった。21世紀の社会福祉のあり方をまとめた社会福祉構造改革は，選別化から普遍化へ，民間企業の参入も含めた多様化，基礎自治体を中心とした分権化，相談窓口の統合化などを中心とした仕組みを提案している。障害者の問題に対しても，利用者主体の考え方を基本として，QOLの向上が求められている。

　日本の障害者福祉は，国際障害者年以降，ノーマライゼーションなどの理念によって障害者の「人権」が守られるようになってきており，社会福祉基礎構造改革などによって，利用者本位の考え方も尊重されるようになってきた。

　障害の有無にかかわらず，誰もが相互に人格と個性を尊重し合う「共生社会」の実現をめざすものである。

　障害者施策においても，2003（平成15）年の支援費制度の導入により，考え方が利用者主体にかわり，従来の措置制度とは異なる利用者が自分でサービスを契約するという利用・契約制度へと移行してきたためにサービス利用者が急増した。しかし，支援費制度においては，精神障害者を対象外とするなどの支援における財政負担の問題も表出してきた。

　また，地域や在宅で暮らしたいという障害者が増えたため，一定基準のサービスが提供できなくなってしまった。それにかわる新たな施策として2006（平成18）年に，新たに障害者自立支援法が施行されることになった。

　すなわち，自立支援の考え方は，どんな重度の障害のある人も，自分が生活したい地域で，自分の生き方を自分で選び，自分で判断し決定していくことである。この自立した生活の実現を積極的に支援していく施策が，障害者自立支援法である。

　この自立の考え方は，自己選択，自己決定を基本とした利用者本位であり，

IL運動（movement of independent living）の考え方によると，「障害者が他の人間の手助けを多く必要とする事実があっても，その障害者がより依存的であることには必ずしもならないのです。人の手助けを借りて15分かかって衣服を着，仕事にも出かけられる人間は，自分で衣服を着るのに2時間かかるために家にいる他はない人間より自立している」といっている。もちろん何でも自分で行えるようになることは大事であるが，本人が主体的に行動し，決定することが自立である。どのような手助けが必要であろうとも，本人が希望する生活を見いだすことが，結果的にはQOLを向上させ身体的自立や精神的自立にもつながっていくと考えられる。

　これらの考えを取り入れた障害者自立支援法は，措置から利用・契約制度に移行し，利用者主体の制度となった。しかし，現実的には負担等の問題が山積しているのが障害者自立支援法でもある。そのために，政府は関係団体と協議し，2013（平成25）年を目途として再構築をはかる予定である。

　本書は，障害者福祉の理念や障害者自立支援法を中心として，現状分析をし，今後の課題，方向性の提案をすることとした。また，障害者福祉の入門書という考えから障害者福祉を学ぶ者にとって必要な基礎的知識を習得できるように努めた。執筆者全員が，知的障害，身体障害，精神障害，障害児教育などの豊富な現場の経験者であり，その強みを生かした分析をしている。

　さらに，本書の終わりには，より理解を深める意味で「演習課題」を設けている。また，もう一歩学びを進めるために「考えてみよう」をのせ，課題を設けたので有効利用していただきたい。同時に，より関心を深くするために，「読者のための参考図書」の解説もしている。これらをレポート課題などに有効活用していただき，障害者福祉の理解の一助になることを期待したい。

　現在，障害者福祉は大転換期にあり，今後の動向に左右される施策が出てくる可能性が大である。執筆作業も難航し，不十分な点が多々あるかと思われる。その点は編者の責任である。今後の障害者福祉は，障害者の自立と社会参加が一層促進される「利用者主体」の考えを中心とした施策の構築であることを願

いたい。

　最後に，このような時期に，快く執筆を引き受けていただいた各章執筆者の方々に多大なる苦労をおかけした。感謝の念にたえない。また，「シリーズ福祉のすすめ」の障害者福祉を世に送り出してくださった学文社の田中千津子氏に感謝申し上げたい。

　2010年9月

　　　　　　　　　　　　　　　　　　　　　　編著者代表　　和田　光一

# 目　　次

はじめに………………………………………………………………… i

## 第1章　障害者を取り巻く社会情勢と生活実態…………………… 1

1．障害者福祉を学ぶにあたって　3
2．障害の概念　4

　(1)　障害ということば　4／(2)　障害の概念　5

3．障害者の法的定義　9

　(1)　障害者基本法　9／(2)　身体障害者福祉法　9／(3)　知的障害者福祉法　11／(4)　精神保健及び精神障害者福祉に関する法律(精神保健福祉法)　13／(5)　発達障害者支援法　13／(6)　障害者自立支援法　14／(7)　児童福祉法　15

4．障害者福祉の基本理念　15

　(1)　障害者福祉の基本理念　15／(2)　障害者の理念　18

5．障害者福祉の歴史と施策　26

　(1)　国連を中心としたあゆみ　26／(2)　日本におけるあゆみ　28

6．障害者の実態　35

　(1)　障害者の総数　35／(2)　身体障害者(児)数の推移　36／(3)　知的障害児(者)　41／(4)　精神障害者　42／(5)　障害者の実態　44

## 第2章　障害者に関わる法体系…………………………………… 55

1．障害者に関わる法　55

　(1)　障害者基本法(旧心身障害者対策基本法)　55

2．障害者に関わる法律の体系　58

⑴ 身体障害者福祉法　58／⑵ 知的障害者福祉法　60／⑶ 精神保健及び精神障害者福祉に関する法律（精神保健福祉法）　62／⑷ 発達障害者支援法　65

## 第3章　障害者自立支援制度 …………………………………75

1. 障害者自立支援法の基本理念　75

　　⑴ 支援費制度から障害者自立支援法へ　75／⑵ 改革のポイント　76／⑶ 障害者自立支援法の基本的枠組み　79

2. 障害者自立支援制度の具体的内容　91

　　⑴ 相談支援のサービス　91／⑵ 居宅生活支援のためのサービス　94／⑶ 日中活動を支援するためのサービス　98／⑷ 夜間の居住を支援するためのサービス　102／⑸ 医療を提供するためのサービス　105／⑹ 補装具等を提供するためのサービス　106／⑺ 障害児　112

3. 障害者自立支援法の見直し　113

　　⑴ 障害者自立支援法施行後3年の見直しについて　113／⑵ 障害者制度改革推進会議　113

## 第4章　専門職の役割と連携・ネットワーキング ……………117

1. 障害者自立支援法に基づく主な専門職　117

　　⑴ 相談支援専門員の役割と実際　118／⑵ 生活支援員の役割と実際　122／⑶ 居宅介護等のサービス従業者の役割と実際　124

2. 他職種連携・ネットワーキング　126

　　⑴ 他職種連携の意義と基本的な考え方　126／⑵ 他職種連携の実際　127／⑶ 医療・教育・労働関係機関との連携　130

3. 地域自立支援協議会の役割と活動の実際　134

　　⑴ 地域自立支援協議会の機能　134／⑵ 地域自立支援協議会の役割　135

## 第5章　組織・機関の役割 …………………………………… 139

1．行政機関の役割　139

　⑴　国の役割　139／⑵　都道府県の役割　140／⑶　市町村の役割　147

2．相談支援事業所の役割と活動の実際　152

　⑴　相談支援事業所の役割　152／⑵　相談支援事業所の活動の実際　153

3．医療・教育・労働関係機関の役割　153

　⑴　指定自立支援医療関係の役割　154／⑵　国民健康保険団体連合会の役割　155／⑶　教育関係機関の役割　156／⑷　労働関係機関の役割　166

## 第6章　障害者福祉に関する法律と関連施策 ………………… 175

1．心神喪失等の状態で重大な他害行為を行った者の医療及び観察等に関する法律　175

2．高齢者，障害者等の移動等の円滑化の促進に関する法律　176

3．障害者の雇用の促進等に関する法律　177

4．その他　178

　⑴　保健・医療関連　178／⑵　保険・年金・給付関連　184／⑶　交通・建物等に関するバリアフリー関連　188／⑷　情報等バリアフリー関連　188／⑸　教育等関連　190／⑹　民法・権利関連　192／⑺　税金・所得関連　193

索　引 ……………………………………………………………… 202

# 第1章　障害者を取り巻く社会情勢と生活実態

　現代社会福祉の理念となっているノーマライゼーションやバリアフリーなどの考え方は，障害者の問題から出発したものである。現在行われている制度，政策，サービス支援は，その理念や基本的な考え方をベースにしている。
　本章では，障害者福祉の基本理念であるノーマライゼーションやリハビリテーションの考え方の背景や影響を理解することを目的とするが，特にわが国においてはどのように障害者問題が展開されてきたかを分析する。
　また，「障害」ということばに対する多様な見方との背景についても分析を試みる。
　障害者を取り巻く社会情勢と生活実態については，戦後から今日までの障害者福祉施策について歴史分析を行い，施設福祉から在宅福祉への施策の移行について理解を深める。
　身体障害者福祉法などによる「障害」の分類を確認するとともに，障害の概念については，概念モデルとして重要な国際生活機能分類（ICF）を取り上げる。
　障害者の生活実態については，全国調査の結果から，わが国における障害児・者の実態について検討し，障害者の地域生活の実態や自立についての理解を深める。

**キーワード**　障害，ICF，法的定義，ノーマライゼーション，リハビリテーション，障害者の実態・歴史

　現代社会においての特徴は，少子高齢社会の進展，過疎化・過密化などの地域社会の変化，核家族化における家族機能の変化などがあげられている。
　わが国が戦後とり続けてきた経済成長政策は，技術革新の進展，国内産業の拡大などにより，国民所得を増大させた。経済成長は，豊かな社会を作り出し，国民の生活意識や生活様式まで変化していったのである。その反面，公害などの環境破壊とともに，伝統的な共同体的コミュニティ機能の低下をもたらした。
　工業化・都市化の進展につれて人口の都市集中が生じ，過密化現象を引き起

こしている反面，地方においては過疎化の問題を引き起こし，社会的な課題が表面化してきている。

地域社会を見てみると，過疎地域においては，若者が都市部へ流出し，高齢者だけの家庭が多くなり生活基盤の見直しが迫られている。一方で，都市部ではますます過密化が進み，人口の流動化，近所づきあいの希薄化，地域のコミュニティの変容など大きな影響が生じている。

少子化がわが国に与える影響については，高齢化の進展に伴う現役世代の負担の増大や労働力人口の減少及び，高齢化・過疎化に伴う地域社会の変容などがあげられる。

高齢化という観点では，出生率の低下より団塊の世代の影響が大きい。つまり，今後の出生率の動向にあまり関係なく，団塊世代による超高齢社会の時代が確実に到来してきていることを意味している。

わが国にとって伝統的であった「家」制度は，戦後の民法改正によって事実上廃止となり，夫婦とその子どもからなる「核家族」が台頭してきた。しかし，従来からの「家」意識が残ったまま核家族化が進行したり，以前の家族・親族が果たしてきた役割や機能を社会的に整備することが遅れていたり，核家族化が急激に進行してきたために，家族の役割機能にも変化が表出し，各種の家族問題が発生してきている。

これらの課題を解決するために，社会福祉基礎構造改革がなされたのである。この考え方は，21世紀のわが国の社会福祉のあり方を示すもので，ソーシャルインクルージョンの理念や利用者の主体性を尊重した施策が中心となっている。

いわゆる共生社会の形成である。障害者の世界においても障害者自立支援法などで顕著に表れている。障害者自立支援法における障害者施策の中心的な「主体性」や「自己決定」の形成プロセスは，基本的理念や障害者の歴史的変遷をみていく必要がある。

この章では，障害を取り巻く社会的背景を施策などから分析し，障害者の実態，「障害とはなにか」ということを理解する。

## 1．障害者福祉を学ぶにあたって

　障害者福祉を学ぶにあたって、「障害者福祉」とは何か。「僕という人間」という詩を読んでみよう。

　　　**僕という人間**
　僕は僕に「障害」があると思っていなかった。
　僕は僕が生きにくい世の中に障害があると思っていた。
　でも、周りの人は僕のことを「障害」のある人という。
　僕は僕自身だけれど「障害」ではない。
　　　　　　　　　　　　　　（17歳，特別支援学校学生）


　この詩に対して，私が教鞭を執っている学生は，
　「もし，自分が学生と同じように，肢体不自由という生まれつきの障害があったとしたら，私はそれを『障害』と受け止めないだろう。なぜなら，自分にとってそれが普通であり，自分が『自分自身』であるからだ。しかし，周囲からは『障害者』といわれてしまう。
　人はみな，自らを基準として，障害のある人を『障害者』とよぶ。人から比べられ，かってに『障害』と決めつけられるのは心外だろう。本当の彼を知った人々は，彼を『障害者』とはみなさないはずだ。彼のような障害のある人々にとっては，それはとても悲しいことだ。『障害』という言葉はそれ程にも，障害者にとって重みのある言葉なのではないだろうか。
　彼のような考えをもつ人にとっては，そもそも障害者といわれること自体が迷惑である。かってに自分の価値観で人をあてはめること自体，人権侵害にすら感じてしまう。」
と感想を述べている。
　改めて，17歳の学生の心情を考えてみよう。

私たちは，障害を通じてその人全体を「障害者」と決めがちである。しかし，障害というものは，ひとりの社会人のうえに加わったひとつの特徴にすぎない。

私たちの周囲には，障害のある人がたくさんいる。しかし，現実には，障害のある人の問題には関わりたくない，できれば避けて通るということがあり，無意識に分類してしまっている。そうした考えが，障害者問題から足を遠ざけてきたと思われる。

障害者福祉は，「障害という特徴のある人が，あたりまえの生活をどう組み立て，実現していくのか」を同じ人間として，同じ目線で考え，いっしょに実行していくことである。すなわち，生活課題と施策を学ぶことを通じて「障害」についての意味を考えることである。そのためには，人間尊重の視点に立った理念を理解することである。

## 2．障害の概念

### (1) 障害ということば

普段なにげなく使用している「**障害**」という言葉であるが，漢字のイメージや辞書によると，「妨げになるもの」「身体上の故障」などとなり，それらを総合すると「差し障りや害のある人間」となる。

1929（昭和4）年に制定された救護法では，「障碍者」という言葉が使われているが，この「碍」は「さまたげ」「外を出るのを防ぐ石」といった意味がある。つまり「障碍者」とは，外に出ようとしているけれども，それが何かによってふさがれている人という意味である。ところが，「碍」という字が当用漢字表になかったため，便宜的に「害」をあてはめたのが「障害」の始めである。障害という言葉は，1949（昭和24）年の身体障害者福祉法制定以降一般的になった。

最近では，「害」を使わずに「障がい」「しょうがい」「障碍」と表記する人びとが増えている。「障害」とは何かを分析し，上述の動向や背景を知ってお

く必要がある。

本書においては，法律的用語としての「障害」を使用するとともに，「僕という人間」の詩にもあるように，障害のある人びとに『障害』を負わせている（いわゆる二重苦）社会にも問題があるという意味で，「障害者」という表記をする。

(2) 障害の概念

障害の個人レベルとしての理解については，1980（昭和55）年に世界保健機構（WHO）は「国際障害分類（ICIDH）」で，3つのレベルに区分して説明している。

① 機能障害（impairment）

機能障害とは，「心理的，生理的，解剖的な構造または機能のなんらかの喪失または異常である」と定義されている。すなわち身体的・精神的不全といわれる段階の状況である。回復や治療を表している状態でもある。

② 能力障害または低下（disability）

能力障害は，「人間として正常とみなされる態度や範囲で活動していく能力の，いろいろな制限や欠如である」と定義されている。つまり，機能障害によって，今まで，出来ていた動作が出来なくなった状態である。日常生活動作（Activity of Daily Living, ADL）の自立性を高めることを大切にしなければならない。

③ 社会的不利（handicap）

社会的不利とは，「機能障害あるいは能力障害（能力低下）の結果としてその個人に生じた不利であって，社会的な生活や活動に大きな不自由さが生じてくることである」と定義される。この概念は，その社会の障害のない多くの人に保障されている経済的自立や社会活動への参加，社会的評価などが保障されていない状態を示すものである。障害者福祉の重要な問題点は，この社会的不利といわれる社会環境の改善である。

図表1-1 国際障害分類の障害モデル

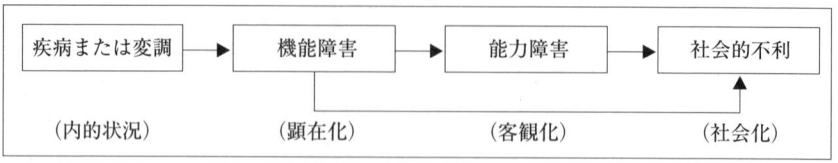

| 機能障害<br>(impairment) | 心理的, 生理的, 解剖的な構造または機能のなんらかの喪失または異常 |
| --- | --- |
| 能力障害<br>(disability) | 人間としての正常とみなされる態度や範囲で活動していく能力の, いろいろな制限や欠如 |
| 社会的不利<br>(handicap) | 機能障害あるいは能力障害の結果として, その個人に生じた不利であって, 社会的な生活や活動に大きな不自由さが生じてくること |

出所）厚生労働省大臣官房統計情報部「WHO 国際障害分類試案」1982年

以上説明してきた概念は, 一般的に医学モデルといわれるものである。上の図表1-1のように結びあわせることができる。

また, 2001（平成13）年に提示された改訂案は**「国際生活機能分類」**（ICF：International Classification of Functioning Disability Health）として示された。新しい障害理解として, 機能障害の代わりに心身機能・身体構造, 能力障害の代わりに活動, 社会的不利の代わりに参加となっている。マイナスの題を抱えた状態を表すには, それぞれ機能障害, 活動制限, 参加制約として理解する。改訂案の最大の特徴は, 枠組みのなかに環境因子を導入し, 各要素の相互関連を考え, 人間の生活機能障害を健康状態や環境との相互作用のもとで理解する。なお, 性別, 年齢, 職業などの個人因子も提示されている。

ICFの特徴は, ①環境を明確に位置づけ, 環境との相互作用を取り入れた。②障害を肯定的にみる。③各要素が双方向で示されている。④病気やケガだけではなく妊娠・加齢を含めた健康状態についても分析できる。すなわち, 分類の視野を拡大して, 何ができないかというマイナス面だけではなく, 何ができるかというプラス面についても重要視した。また, 訓練や治療を主眼とするリハビリテーションだけではなく, 環境を変え, 機会を均等化するための環境

図表1-2　国際生活機能分類における「障害」の概念モデル

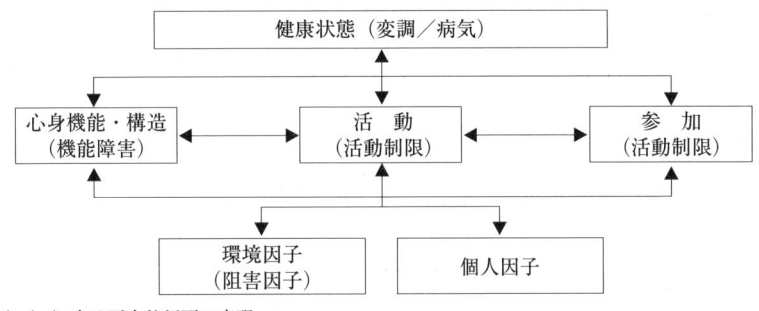

注）（　）内は否定的側面の表現。
出所）障害者福祉研究会編『ICF 国際生活機能分類－国際障害分類改訂版－』中央法規，2002年

図表1-3　国際生活機能分類（ICF）の生活機能構造モデル

| | | | |
|---|---|---|---|
| 健康状態<br>（変調／病気） | 人間は誰もが健康な状態をもつ。けれども病気や事故などによって心身の機能に障害をもつ可能性が誰にもあることを示している。 | | |
| 心身機能・身体構造<br>（bodyfunctions & structure） | 身体の各器官系の生理的機能（心理的機能を含む），器官，肢体とその構成部分などの解剖学的部分 | 心身機能障害<br>身体構造障害<br>（impairment） | 著しい偏位や喪失などといった心身機能，身体構造上の問題－障害の状態 |
| 活動<br>（activity） | 個人による課題や行為の実行 | 活動制限<br>（activity limitation） | 個人が活動する際の困難な問題－障害の状態 |
| 参加<br>（participation） | 生活状況への個人の関与 | 参加制約<br>（participation restriction） | 個人が日常生活・社会生活に関与する際の問題－障害の状態 |
| 環境因子個人因子 | 心身機能・身体構造およびその障害，活動および活動制限，参加および参加制約には，環境要因や個人要因がいろいろな形で影響を与えており，環境の要因が大きく，環境への介入が支援活動の重要な一側面であることを示している。 | | |

出所）手塚直樹『障害者福祉とは何か』ミネルヴァ書房，2003年，30ページ

因子が明確に位置づけられた。これは一般的に生活モデル・統合モデルといわれるもので，障害だけではなく，社会保障や医療など幅広い分野の評価に適用でき，すべての人間に関する分類が可能である。

分類名に「障害」という否定的表現は用いず，人間が生活するための生活機

## 図表1-4　ICFの諸次元の相互作用

　ICFは「心身機能・身体構造」「活動」「参加」の3つの概念を「生活機能」とし、それぞれに問題が生じた状態を「機能障害」「活動制限」「参加制約」とする。障害を生活機能のなかに位置づけてみており、生活機能上のマイナス面のみでなく、プラス面を重視した考え方であるといえる。

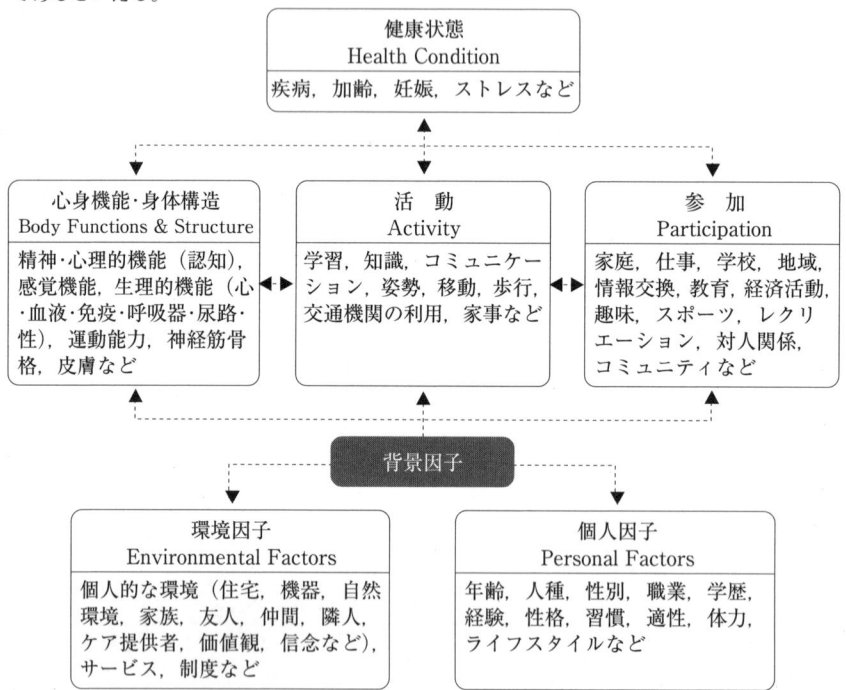

出所）障害者福祉研究会編『ICF 国際生活機能分類－国際障害分類改訂版－』中央法規、2002年

能の各次元（心身機能・身体構造、活動、参加）に着目した中立・肯定的な表示としている。

　国際障害分類及び国際生活機能分類により、「障害」を個人の問題としてとらえ、疾病などから生じるものであり、個別的な治療という形で医療などの専門職の援助によるものと考える医学モデルに基づいた概念から、個人とその個人が生活する環境との相互作用の不調和こそが「障害」であり、「障害」の多くは社会的環境によって作り出された問題とする生活モデルとして、「障害」のとらえ方が変化していった。

## 3．障害者の法的定義

国際的にみた障害者の定義は，**「障害者の権利に関する条約」**（2006年国連総会において採択，日本は2007年に署名，2010年8月1日現在未批准）において「障害者には，長期的な身体的，精神的，知的または感覚的な障害を有するものであって，さまざまな障壁との相互作用により他の者と平等に社会に完全かつ効果的に参加することを妨げられることのあるものを含む」（第1条）となっている。また，「国際障害者年行動計画」では，「障害者は，その社会の他の異なったニーズをもつ特別の集団と考えられるべきではなく，その通常の人間的なニーズを満たすのに特別の困難をもつ普通の市民と考えられるべきなのである」と述べている。**ノーマライゼーション**の理念を基礎とした定義である。

わが国においては，障害者基本法を基本として，以下のとおり各障害別に定義されている。

(1) **障害者基本法**（1970年制定，1993年に題名改正）

この法律において障害者とは，「身体障害，知的障害又は精神障害があるため，継続的に日常生活または社会生活に相当な制限を受ける者をいう」（第2条）と述べている。

また2004年の附帯決議のなかでは，「てんかん及び自閉症その他の発達障害を有する者並びに難病に起因する身体又は精神上の障害を有する者であって，継続的に生活上の支障がある者は，この法律の障害者の範囲に含まれる」という内容も追加されている。

(2) **身体障害者福祉法**（1949年制定）

「障害者自立支援法と相まって，身体障害者の自立と社会経済活動への参加を促進するため，身体障害者を援助し，及び必要に応じて保護し，もって身体障害者の福祉の増進を図る」（第1条）ことを目的としている。

図表1-5　身体障害者手帳制度の概要

1．概　要
　　身体障害者福祉法に定める身体上の障害がある者に対して，都道府県知事，指定都市市長又は中核市市長が交付する。
　　　根拠：身体障害者福祉法第15条
2．交付対象者
　　身体障害者福祉法別表に掲げる身体上の障害があるもの
　　　別表に定める障害の種類（いずれも，一定以上で永続することが要件とされている）
　　　① 視覚障害
　　　② 聴覚又は平衡機能の障害
　　　③ 音声機能，言語機能又はそしゃく機能の障害
　　　④ 肢体不自由
　　　⑤ 心臓，じん臓又は呼吸器の機能の障害
　　　　 ぼうこう，直腸又は小腸の機能の障害
　　　　 ヒト免疫不全ウイルスによる免疫の機能の障害
　　　　 肝臓機能障害
3．障害の程度
　　法別表に該当するかどうかの詳細については，身体障害者福祉法施行規則別表第5号「身体障害者障害程度等級表」において，障害の種類別に重度の側から1級から6級の等級が定められている。
　　（7級の障害は，単独では交付対象とはならないが，7級の障害が2つ以上重複する場合又は7級の障害が6級以上の障害と重複する場合は，対象となる。）
4．交付者数（平成18年度末現在）
　　4,895,410人（1級：1,468,438人，2級：851,155人，3級：844,117人，
　　　　　　　　 4級：1,056,401人，5級：342,887人，6級：332,412人）

　身体障害者福祉法第4条において身体障害者とは，「別表に掲げる身体上の障害がある18歳以上の者であって，都道府県知事から身体障害者手帳の交付を受けたもの」をいう。障害の程度の等級についても別表において定めている。その種類は，①視覚障害，②聴覚または平衡機能の障害，③音声機能，言語機能又はそしゃく機能の障害，④肢体不自由（上肢，下肢，体幹）・乳幼児期以前の非進行性の脳病変による運動機能障害，⑤内部障害（・心臓，じん臓又は呼吸器の機能の障害・ぼうこう，直腸又は小腸の機能の障害，・ヒト免疫不全ウイルスによる免疫の機能の障害，・肝臓機能障害）の5つに分類されている。[1]

　また，2010（平成22）年4月より肝臓機能障害が政令で定められた。

具体的なサービスの多くは，障害者自立支援法により実施されるので，障害の定義，認定・身体障害者更生相談所など自立支援法の範囲以外のサービスについて規定している。

(3) 知的障害者福祉法（1960年制定）

知的障害者の法令上の定義はない。

厚生労働省の知的障害の定義に関する厚生労働事務次官通知（1973（昭和48）年）の「療育手帳制度について」において「指導相談所または知的障害者更生相談所において知的障害であると判定された者」となっている。通知においての障害程度は，18歳以上の場合，AとBに区分している。Aは，日常生活にお

**図表1-6　療育手帳制度の概要（知的障害）**

1．概　要
　知的障害児・者への一貫した指導・相談を行うとともに，これらの者に対して各種の援助措置を受けやすくするため，児童相談所又は知的障害者更生相談所において知的障害と判定された者に対して，都道府県知事又は指定都市市長が交付する。
　根拠：療育手帳制度について
　　　　　　　　　　　　　（昭和48年9月27日厚生省発児第156号厚生事務次官通知）
　※本通知は，療育手帳制度に関する技術的助言（ガイドライン）であり，各都道府県
　　知事等は，本通知に基づき療育手帳制度について，それぞれの判断に基づいて実施
　　要綱を定めている。
2．交付対象者
　児童相談所又は知的障害者更生相談所において知的障害であると判定された者に対して交付する。
3．障害の程度及び判定基準
　重度(A)とそれ以外(B)に区分
　○重度(A)の基準
　　① 知能指数が概ね35以下であって，次のいずれかに該当する者
　　　・食事，着脱衣，排便及び洗面等日常生活の介助を必要とする。
　　　・異食，興奮などの問題行動を有する。
　　② 知能指数が概ね50以下であって，盲，ろうあ，肢体不自由等を有する者
　○それ以外(B)の基準
　重度(A)のもの以外
4．交付者数（平成18年度末現在）
　727,853人（重度(A)：331,672人，それ以外(B)：396,181人）

いて，常時介護を必要とする程度の重度の者。Bは，それ以外の者としている。

この通知は法的な効力をもっていないため，各都道府県が独自の施策として療育手帳を交付している。なお，東京都は「愛の手帳」として交付している[2]。

療育手帳については，おおむねの知能指数と日常生活能力の2つの側面により判定真基準としている。

知的障害者福祉法の目的は，知的障害者に対し，「障害者自立支援法と相まって，知的障害者の自立と社会経済活動への参加を促進するため，知的障害者を援助するとともに必要な保護を行い，もって知的障害者の福祉を図ることを目的とする」（第1条）としている。18歳以上が対象となる法律で，18歳未満については児童福祉法が対応している。対象者には，療育手帳が発行され，それに基づいて税の減免などの制度が活用される。

**図表1-7　精神障害者保健福祉手帳制度の概要**

| |
|---|
| 1．概　要<br>　　一定の精神障害の状態にあることを認定して精神障害者保健福祉手帳を交付することにより，各種の支援策を講じやすくし，精神障害者の社会復帰，自立及び社会参加の促進を図ることを目的として，都道府県知事又は指定都市市長が交付する。<br>　　根拠：精神保健福祉法第45条<br>2．交付対象者<br>　　次の精神障害の状態にあると認められた者に交付する。<br>　　精神疾患の状態と能力障害の状態の両面から総合的に判断し，次の3等級とする。<br>　　1級：精神障害であって，日常生活の用を弁ずることを不能ならしめる程度のもの<br>　　2級：精神障害であって，日常生活が著しく制限を受けるか又は日常生活に著しい制限を加えることを必要とする程度のもの<br>　　3級：精神障害であって，日常生活若しくは社会生活が制限を受けるか，又は日常生活若しくは社会生活に制限を加えることを必要とする程度のもの<br>3．交付申請手続き<br>　　その居住地（居住地を有しないときは，その現在地とする。以下同じ。）の市区町村を経由して，都道府県知事に申請する。<br>　　手帳の有効期限は交付日から2年が経過する日の属する月の末日となっており，2年ごとに，障害等級に定める精神障害の状態にあることについて，都道府県知事の認定を受けなければならない。<br>4．交付者数（平成18年度末現在）<br>　　404,883人（1級：73,810人，2級：248,102人，3級：82,971人） |

出所）厚生省「精神障害者福祉手帳の障害等級の判定基準について」1995年　一部加筆

具体的なサービスの多くは，障害者自立支援法の区分により実施される。

(4) 精神保健及び精神障害者福祉に関する法律（精神保健福祉法）(1950年制定)

精神障害者とは，第5条において「統合失調症，精神作用物質による急性中毒又はその依存症，知的障害，精神病質その他の精神疾患を有する者」と規定している。

精神保健福祉法の目的は「精神障害者の医療及び保護を行い，障害者自立支援法と相まってその社会復帰の促進及びその自立と社会経済活動への参加の促進のために必要な援助を行い，並びにその発生の予防その他国民の精神的健康の保持及び増進に努めることによって，精神障害者の福祉の増進及び国民の精神保健の向上を図る」(第1条) こととしている。申請により，精神障害者保健福祉手帳が交付される。有効期間は2年である。

(5) 発達障害者支援法 (2004年制定)

発達障害者支援法により「発達障害」という障害が法律に規定された。発達障害とは，第2条において，「自閉症，アスペルガー症候群その他の広汎性発達障害，学習障害，注意欠陥多動性障害その他これに類する脳機能の障害であってその症状が通常低年齢において発現するものとして政令で定めるもの」となっている。政令で定めるものは，「脳機能の障害であってその症状が通常低年齢において発現するもののうち，言語の障害，協調運動の障害その他厚生労働省令で定める障害」である。

この法律において，「発達障害者」とは，「発達障害を有するために日常生活又は社会生活に制限を受ける者」をいい，「発達障害児」とは，「発達障害者のうち18歳未満のもの」をいう。

「国民は，発達障害者の福祉について理解を深めるとともに，社会連帯の理念に基づき，発達障害者が社会経済活動に参加しようとする努力に対し，協力するように努めなければならない」(第4条) とされている。

**図表 1-8　発達障害とは**

(法)　第2条　この法律において「発達障害」とは，自閉症，アスペルガー症候群その他の広汎性発達障害，学習障害，注意欠陥多動性障害その他これに類する脳機能の障害であってその症状が通常低年齢において発現するものとして政令で定めるものをいう。
　　2　この法律において「発達障害者」とは，発達障害を有するために日常生活又は社会生活に制限を受ける者をいい，「発達障害児」とは，発達障害者のうち18歳未満のものをいう。
(政令)　第1条発達障害者支援法第2条第1項の政令で定める障害は，脳機能の障害であってその症状が通常低年齢において発現するもののうち，言語の障害，協調運動の障害その他厚生労働省令で定める障害とする。
(省令)　発達障害者支援法施行令第1条の厚生労働省令で定める障害は，心理的発達の障害並びに行動及び情緒の障害（自閉症，アスペルガー症候群その他の広汎性発達障害，学習障害，注意欠陥多動性障害，言語の障害及び協調運動の障害を除く）とする。

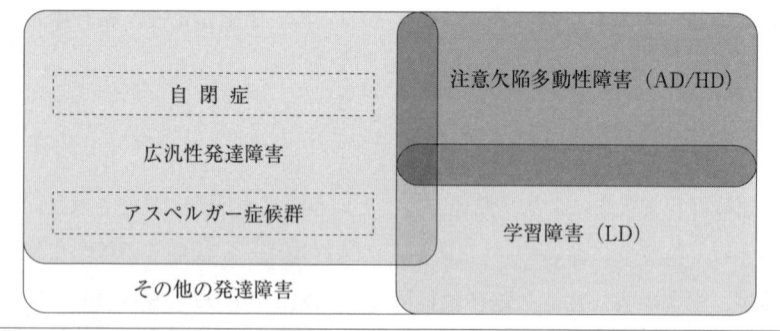

出所）内閣府編『障害者白書（平成21年版）』「発達障害者支援法の概要」

(6)　**障害者自立支援法**（2005年制定）

　第1条の定義によれば「障害者基本法の基本的理念にのっとり，身体障害者福祉法，知的障害者福祉法，精神保健及び精神障害者福祉に関する法律，児童福祉法その他障害者及び障害児の福祉に関する法律と相まって，障害者及び障害児がその有する能力及び適性に応じ，自立した日常生活又は社会生活を営むことができるよう，必要な障害福祉サービスに係る給付その他の支援を行い，もって障害者及び障害児の福祉の増進を図るとともに，障害の有無にかかわらず国民が相互に人格と個性を尊重し安心して暮らすことのできる地域社会の実

現に寄与すること」を目的としている。

この法律において,「障害児」とは,「児童福祉法第4条第2項に規定する障害児及び精神障害者のうち18歳未満である者」をいう。

なお,支給決定に際しては,障害者の福祉サービスの必要性を総合的に判断することとなっており,そのために,全国共通の項目からなる心身の状態に関する認定調査を行い,障害程度区分を決めている(第2章参照)。

(7) 児童福祉法(1947年制定)

児童福祉法第4条2項において,「障害児とは,身体に障害のある児童又は知的障害のある児童」をいう。18歳未満の児童が対象で,各種施設や補装具,自立支援医療などの多くの障害児福祉サービスを設けている。

また,障害者の就労促進のための「障害者の雇用の促進等に関する法律」や「学校教育法」では,特別支援教育,盲・ろう・特別支援学校についても規定している。

## 4．障害者福祉の基本理念

(1) 障害者福祉の基本理念

障害者問題は,特に人権との関わりが深いといえる。それは,障害者における差別や偏見といった意識や行動によって表されている。

障害者の理念は,いうまでもなく基本的人権の尊重を基本としている。それらの尊重については,日本国憲法等に明確にうたわれている。その理念がどのような形で示されているのかをみていくことにする。

① 人権に関する世界宣言(世界人権宣言)

この宣言は,戦争という人間無視の原理に対し,平和のもとで実現されるべき一般的,原則的な人間の存在を肯定した権利宣言である。1948(昭和23)年に開催された第3回国連総会において採択され,次のように述べている。

「すべての人間は,生れながらにして自由であり,かつ,尊厳と権利とにつ

いて平等である」(第1条) として，人間の自由権と平等権について述べている。「すべて人は，衣食住，医療及び必要な社会的施設等により，自己及び家族の健康及び福祉に十分な生活水準を保持する権利並びに失業，疾病，心身障害，配偶者の死亡，老齢その他不可抗力による生活不能の場合は，保障を受ける権利を有する」(第25条) とあり，健康維持と社会保障権について述べている。すなわち，この宣言は，人類社会のすべての構成員の固有の尊厳と，平等で譲ることのできない権利を承認することは，世界における自由，正義及び平和の基礎であるとの宣言である。

これらの権利内容は，全世界の人びとの基本権を述べたものであり，障害者も正当な社会構成員として，その権利を主張することができることが述べられている。

② 障害者の権利宣言

1971 (昭和46) 年に，権利達成の困難な知的障害者に対して，「知的障害者の権利宣言」が採択されたが，知的障害者の権利宣言が取り残したその他の障害者に対して補足的に述べるのではなく，障害者すべてを含む包括的な障害者の権利に関する決議が，1975 (昭和50) 年第30回国連総会において「障害者の権利宣言」として採択された。

この決議において注目すべきことは，「障害者」(disabled persons) ということばを，「先天的か否かにかかわらず，身体的又は精神的能力の不全のために，通常の個人又は社会生活に必要なことを確保することが，自分自身では完全に又は部分的にできない人のことを意味する」と定義していることである。

第3条には「障害者は，その人間としての尊厳が尊重される生まれながらの権利を有している。障害者は，その障害の原因，特質及び程度にかかわらず，同年齢の市民と同等の基本的権利を有する」。このことは，できる限りの普通の，また十分に満たされた，相応の生活を送ることができる権利を有するということである。この権利宣言は，「障害者は，その人間としての尊厳が尊重され，……同年齢の市民と同等の基本的権利を有する」と市民権にも言及している。

③　わが国の基本理念

　わが国において基本的人権の尊重がうたわれている法律は、いわれるまでもなく日本国憲法第11条で「国民は、すべての基本的人権の享有を妨げられない。この憲法が国民に保障する基本的人権は、侵すことのできない永久の権利として、現在及び将来の国民に与へられる」。

　また、この基本的人権の核となる第25条では、「すべて国民は、健康で文化的な最低限度の生活を営む権利を有する」ことになっている。すなわち「生存権」を認めているのである。

　障害者関係では、次のような法律から理念が読みとれる。

　1990（平成2）年にアメリカで制定された**「ADA（障害のあるアメリカ人法）」**がわが国の障害者団体をはじめとする関係者に多大な影響を与えた。そのことにより、心身障害者対策基本法が1993（平成5）年障害者基本法として改正され、障害者の総合対策の推進を図ることとした法律である。これによれば、「すべて障害者は、個人の尊厳が重んぜられ、その尊厳にふさわしい生活を保障される権利を有する」（第3条・基本理念）と定めている。

　特に、わが国の場合、長い間差別や偏見の歴史が続いた事実を認識することであり、それぞれの障害の特性を認め合い、共存して社会生活が営めることが重要である。すなわち、障害者がひとりの人間としての尊厳と権利をもっているという人間尊重の理念の上に立って、障害者福祉は成り立っているのである。

　1981（昭和56）年の「国際障害者年」とそれに続く国連・障害者の10年において、日本の障害者福祉が国民に理解されるようになってきた。政府は2度にわたって「障害者対策に関する長期行動計画」の策定を行い、障害者福祉の総合的な推進を図ってきている。

---

**ADA（Americans with Disability Act：障害のあるアメリカ人法）**
　1990年7月に成立した法律。雇用、公共交通機関、公共施設、電気通信の4部門を中心に、どのような場合が差別にあたるかを具体的に示すなど、包括的に述べるとともに、明確に差別を禁止している。

## (2) 障害者の理念

障害者福祉の理念として、基本的人権を基本理念として、ノーマライゼーション（Normalization）、リハビリテーション（Rehabilitation）、自立（Independent Living）、QOLの向上（Quality of Life）、エンパワメント（Empowerment）などがあげられる。

> **基本的人権**
> 　日本国憲法第11条において、「国民は、すべての基本的人権の享有を妨げられない。この憲法が国民に保障する基本的人権は、侵すことのできない永久の権利として、現在及び将来の国民に与へられる」となっており、25条の「生存権」、13条「幸福追求権」、14条「平等権」などがある。

また、ノーマライゼーションは障害者を中心とした共生社会づくりであるが、ソーシャル・インクルージョン（social inclusion）という、制度の谷間などで（ニート、高次脳機能障害など）社会的に排除されている人びと全員を包み込んだ社会を構築していく考え方が主流となってきている。すなわち、障害者が生きていくあらゆる段階において能力を最大限発揮し、自立した生活をめざすための支援を行うことと同時に、社会のなかで障害者があたりまえの生活ができる社会を築くことである。この理念を、以下6つに整理してみる。

1）ノーマライゼーション

**ノーマライゼーション**（normalization）は、1950年代に知的障害者の福祉理念として北欧に生まれた考え方で、「障害がある人たちに、障害がない人びとと同じ生活条件を作り出すこと」「常態化・正常化すること」であるといわれている。ノーマライゼーションの内容が具現化されたのは、デンマークの「1959年法」である。この法律の起草は、バンク＝ミケルセン（Bank-Mikkelsen, N. E.）によって行われた。この法律は、「ノーマルな生活」という考え方が法制化されたものである。

ノーマライズとは、障害がある人をノーマライズするということではなく、障害者の生活条件をノーマライズするということである。バンク＝ミケルセン

の提唱したノーマライゼーションの思想と，それに基づく生活条件，居住の条件，余暇の3つの側面から検討し，8つの原理として具体的に提示したのはベンクト・ニイリェ（Nirje, B.）である。また，ヴォルフェンスベルガー（Wolfensberger, W.）は，ノーマライゼーションとは，「可能な限り文化的に通常である身体的な行動や特徴を維持したり，確立するために，可能な限り文化的に通常となっている手段を利用すること」であると述べている。

　これは，障害の人に限りない更正の努力を求めるのではなく，環境を改善し，的確な支援によって，ノーマライゼーションを実現していくことを認識しなければならないということである。すなわち，すべての市民があたりまえの場所で，あたりまえの生活を可能にするということである。

> **ノーマライゼーション（Normalization）**
> バンク＝ミケルセン（Bank-Mikkelsen, N. E.）は「産みの父」といわれ，1950年代に目的と目標を掲げた理念を提唱した。
> ベンクト・ニイリェ（Nirje, B.）は「育ての父」といわれ，1960年代に方法と手段を考えた。
> ヴォルフェンスベルガー（Wolfensberger, W.）は，1970年代以降アメリカでの発展の立役者で，目的と手段の双方を検討した。

　したがって，国際障害者年行動計画にもあるように，「ある社会がその構成員のいくらかの人々を閉め出す場合，それは弱くてもろい社会なのである。障害者は，その社会の他の異なったニーズをもつ特別な集団と考えられるべきではなく，その通常の人間的なニーズを満たすのに特別の困難をもつ普通の市民と考えられるべきである」という考え方を打ち出している。ありていにいえば，ノーマライゼーションとは，障害者のニーズを満たす社会的サービスを特別なこととしてではなく，当然のこととして行う社会をめざす考え方である。こうした考え方から「完全参加と平等」が主張された。

　ノーマライゼーションと関連して重要な考え方として，インテグレーションがある。インテグレーション（Integration）は，一般的に統合化といわれ，特

殊教育の分野で望ましい教育のあり方として考えられている。これは，障害児教育といわれる形で普通教育と分離して特殊な環境や教育課程をつくって行うものではなく，普通の学校で障害のある児童と障害のない児童が一緒になって教育をうけることであるが，わが国ではまだ進展していないのが現状である。障害のある幼児児童生徒の自立や社会参加に向けた主体的な取り組みを支援するという視点に立ち，幼児児童生徒一人ひとりの教育的ニーズを把握し，そのもてる力を高め，生活や学習上の困難を改善または克服するため，適切な指導及び必要な支援を行う特別支援教育として位置づけられている。

インテグレーションと同じ意味で使われている言葉にメインストリーミング (mainstreaming)「本流化」といわれるものがあり，主にアメリカで使われている。

また，一歩進んだ考え方として，インクルージョン (inclusion) 教育も提唱されている。これらが着実に実行されれば，障害者に対する偏見や差別といったものがなくなり，ノーマライズされた社会ができてくると思われる。

2）リハビリテーション

**リハビリテーション** (rehabilitation) は，機能回復訓練の意味で用いられることが多いが，本来的には「名誉の回復」「復権」という意味で，リハビリテーションの提供により，より自分らしく生きることをめざす。一般的には「全人間的復権」とよばれている。

1982（昭和57）年の障害者に関する世界行動計画の定義によれば，「身体的，精神的，かつ社会的にもっとも適した機能水準の達成を可能とすることによって，各個人が自らの人生を変革していくための手段を提供していくことをめざし，かつ時間を限定したプロセスである」と述べている。

**リハビリテーション**には，医学的，教育的，職業的，心理的，社会的リハビリテーションがある。

医学的リハビリテーションとは，医学的な考え方や方法により，障害の除去，軽減を図ることや，障害の原因となっている疾病の治療や管理も医学的リハビリテーションの範疇である。

職業的リハビリテーションは，障害者が適当な就業の場を得て，それを継続できるようにするための職業サービスである。その具体的内容は，職業評価，職業指導，職業訓練，職業紹介，保護雇用，フォローアップなどがある。

教育的リハビリテーションは，教育の機会均等化でもある。年齢層を問わず，障害者（児）に対して行われる教育的支援である。また学校教育では，すべての子どもは何らかの支援が必要であるとの立場に立って，一人ひとりのニーズにあった教育が必要であると考えるインクルージョン教育が提唱されている。

社会的リハビリテーションは，1986年国際リハビリテーション協会「RI (Rehabilitation International)」により採決された定義によれば，「社会生活力を高めることを目的としたプロセスである。社会生活力とは，（中略）一人ひとりにとって可能な最も豊かな社会参加を実現する権利を行使する力を意味する」ことであると述べている。社会的リハビリテーションのプログラムにおいては，①生活の基盤をつくる，②自分の生活をつくる，③自分らしく生きる等がある。

社会的リハビリテーションにおいては環境も含めた，バリアフリー「障壁除去（Barrier Free）」の問題もある。障害者を取り巻く4つの障壁について「新長期行動計画より」によれば，もともと建築用語で建物内の物理的障壁の除去という意味であったが，1974年国連・専門家会議の提言もあり，障害者の生活環境改善を阻むすべての障壁の除去を意味するようになった。障壁の内容として，以下の4つがある。

① 物理的な障壁
② 制度的な障壁
③ 文化・情報面での障壁
④ 意識上の障壁

また，バリアフリーを包含しより発展させた，年齢，性別，国籍，個人の能力にかかわらず，はじめからできるだけ多くの人が利用可能なように，利用者本位の考え方に立って，快適な環境をデザインする「ユニバーサルデザイン」

も提唱されている。

以上のことをまとめれば，リハビリテーションは，障害者自身の全面的機能の回復と社会的権利を確保するための総合的な支援である。

言い換えれば，障害者が社会のなかであたりまえの生活を送れるようになるための訓練と，地域で社会生活を送るために，障壁をいかに取り除くかも問題となってくる。普通学級の入学基準における障害者の排除や，車いすでは無理な段差が多い駅や公共施設など，障害者や高齢者を考えて造られていない構造物も，リハビリテーションが必要な障害社会（a handicapped society）だといえる。

障害者自ら主体的に自分らしく生活を営んでいくという考え方は，障害者基本法などに明示されており，国民は，障害者が「あらゆる分野の活動に参加することができる社会の実現に寄与するよう努め」「障害者の福祉の増進に協力する」とその責務を述べている。この考え方は，アメリカのリハビリテーション法のなかにもみられる。

### 3）自　立

「**自立生活**」（Independent Living, IL と略）は，「たとえ重度な障害者であっても，精神的な自立を放棄せず，日常生活動作（ADL）は介助を受けても，自分の判断で自分の生活を管理し，自己の人生の目的に向かって主体的に計画して生きていこう」という「自立」に向けての努力と自己実現のため，他の人びとと協力していくことが大切であるとしている。

従来の自立の概念は，経済的自立を中心に，身体的自立，精神的自立，社会的自立などが検討されてきた。しかし，障害者の自立については，自助的自立と依存的自立についての検討が中心であった。

1970年代にアメリカで起こった自立生活運動（IL 運動）は，自立の概念を，以前のものから大きく変化させた。IL 運動は，カリフォルニア州立大学バークレー校において，重度の障害をもった学生の学校生活を保障することを目的に始まった。

車いす生活を送っていたアメリカの大学生が，自己の主体性と，責任ある市

民として生きていくには物理的,人的な条件をいかに獲得していくかについて討議し,依存による積極的な社会参加は自立にあたるとして,「自立生活モデル」を実行した。これを基本として,地域で人間としてあたりまえに生きたいという重度障害者の欲求が自立生活運動となって全米に広がっていった。

それまでの自立の考え方は,経済や労働,身のまわりの自立を重視する考え方が中心であった。それらの面で自立のむずかしい障害者は,自立がむずかしい人として扱われ,社会から離れた,常に保護されているような生活を送らなければならなかった。

これに対しIL運動の理念は,身辺の自立や経済的自活がどうあるかに関わりなく,自立生活は成立するというものであった。

あらたな自立の考え方として,「障害者が他者の手助けをより必要とする事実があっても,その障害者がより依存的であることには必ずしもならない。他人の助けを借りて15分かけて衣類を着て,仕事に出かけられる人間は,自分で衣類を着るのに2時間かかるため家にいるほかない人間より自立している」というものがあった。

この新しい自立の考え方の中心となったのは,自己決定することを自立としてとらえる考え方であった。何でも自分でするのではなく,必要な人の手や,もの,資源を用いて,その人らしく生きることを自立とするすなわち自己実現のことであった。

この自立観は,いわゆる依存的自立である。この自立は,利用者主体の考え方であり,「利用者による自らの選択と自らの決定により,その行動には自ら責任を負うこと」が重要となる。

わが国では,アメリカで研修をつんで帰ってきた車いす生活者により,各地の自立生活センター(CIL)やヒューマンケア協会などで,「自立生活運動」が行われている。

4)生活の質(QOL)の向上

障害者は,専門施設で訓練生活をするのが最良であるとの考え方が,1960〜

1970年代の主流であった。しかし，1980年以降は，障害者が保護の対象ではなく，ひとりで生活を送れるようにするための選択肢を広げることが重要である。言い換えれば，障害者がひとりの人間として「生活の質の向上」をめざす，すなわち「クオリティ・オブ・ライフ（Quality Of Life：QOL）」ということであり，生活にわたる生活の質は，安全さ・快適さ・人間らしさという三要素を必要としている。いわゆる，生活の豊かさを求める考え方である。

本来，利用者はサービスの受け手としての存在ではなく，基本的人権の権利の主体者である。そうした考え方から，QOLは介護やリハビリテーション，訓練活動などの目標に掲げられるようになってきた。これは，ADL「日常生活関連動作（Activities Daily of Living）」の向上が生活目標とされてきたことからの転換である。従来の入所施設などでは，日常生活，基本的生活習慣などの自立度の向上が大きな生活訓練目標とされてきた。それらの視点をもちつつ，施設の訓練でも手助けを受けながら時間を短縮し，生活そのものを楽しむという方向に変わってきている。

5）エンパワメント

**エンパワメント**（empowerment）とは，アメリカの黒人解放運動や女性解放運動等の政治的な運動から発展してきた用語であり考え方である。

単語そのものは「能力をつける」「権限を与える」という意味がある。今日では，社会的差別や搾取を受けている人たちや組織のなかで自らの主体性を奪われた人たちが，支援を受けながら，本来の姿を取り戻していくプロセスをいう。

戦後の長い間，障害者福祉分野において障害者は社会的弱者として保護され，できない行為や技術を指導・訓練することで，「能力」や「権限」が付加されるものとみなしてきた。これに対して，エンパワメントという考え方のもとでは，「障害者には本来ひとりの人間としてすばらしい能力が備わっているのであり，問題は社会的抑圧のもとでどれだけそれを引き出し発揮させるかである」という考え方である。人には，悪い側面だけではなく，必ず良い側面があり，それを人的，物的支援により伸長していくことである。

すなわち，加齢，病気，障害などを有することにより，否定的環境に取り巻かれ，主体的な生活をあきらめた無力状態（パワーレス）に陥った人びとが，再び，本来もっている力を取り戻し，できる限り自立して，自分たちの問題を自分たちで解決していけるよう，その能力を強めていこうとする支援である。この支援法として，ピアカウンセリング（peer counseling）などがある。

ピアカウンセリングは，人間尊重をめざす，医療と看護，教育などの分野でも注目されている理念でもある。

> **ピアカウンセリング（peer counseling）**
> ピアとは，「仲間」であり同じものを共有する人を意味する。
> 「障害のある人による，障害のある人へのカウンセリングが，障害のある仲間の成長となる」と定義される。カウンセリングは，通常の精神面での悩み事の相談だけでなく，障害者が地域で自立した生活を営もうとするとき直面するさまざまな相談に乗り，助言や情報の提供を行う。

6）ソーシャル・インクルージョン

**ソーシャル・インクルージョン**（social inclusion）は，「全ての人々を孤独や孤立，排除や摩擦から援護し，健康で文化的な生活の実現につなげるよう，社会の構成員として包み支え合う」という理念である。すなわち，貧困やホームレス状態に陥った人びと，障害や困難を有する人びと，社会の谷間にあって社会サービスの行き届かない人びとを排除し孤立させるのではなく，地域社会の参加と参画を支援し，社会の構成員として包み込み，共に生きることである（社会的包含）。

EUやその加盟国では，近年の社会福祉の再編にあたって，社会的排除（social exclusion）「失業，技術及び所得の低さ，粗末な住宅，犯罪率の高さ，健康状態の悪さ及び家庭崩壊などの，互いに関連する複数の問題を抱えた個人，あるいは地域」に対処する戦略として，その中心的政策課題のひとつとされている。

ソーシャル・インクルージョンは，近年の日本の福祉や労働施策の改革とそ

の連携にもかかわりの深いテーマである。2000（平成12）年12月に厚生省（当時）でまとめられた「社会的な援護を要する人々に対する社会福祉のあり方に関する検討会報告書」には，社会的に弱い立場にある人びとを社会の一員として包み支え合う，ソーシャル・インクルージョンの理念を進めることを提言している。

一方，障害児の教育界を中心にここ数年間で広がってきた概念としてのインクルージョンは，「本来的に，すべての子どもは特別な教育的ニーズを有するのであるから，さまざまな状態の子どもたちが学習集団に存在していることを前提としながら，学習計画や教育体制を最初から組み立て直そう」，すなわち，「本来一人ひとりが独自の存在であり，異なっているのがあたりまえであるという前提に立ち，すべての子どもたちを包み込んでいこう」とする理念であり，これは特別支援教育へとつながっている。

## 5．障害者福祉の歴史と施策

### (1) 国連を中心としたあゆみ

障害者福祉の基本となっている人権に関しては，国際連合（国連）での「世界人権宣言」（1948(昭和23)年）などによって，世界共通の普遍的な原理として生存権の保障が定着した。それらを受けて，知的障害者がさまざまな活動分野で活動できることを支援する「知的障害者の権利宣言」（1971(昭和46)年）が出された。「障害者の権利宣言」（1975(昭和50)年）の第3項においては，「障害者は，その人間としての尊厳が尊重される生まれながらの権利を有している。障害者は，その障害の原因，特質及び程度にかかわらず，同年齢の市民と同等の基本的権利を有する。このことは，まず第一に，「可能な限り通常のかつ十分満たされた相当の生活を送ることができる権利を意味する」と述べている。

これはノーマライゼーションの理念に基づくものであり，基本的人権，平和，人間の尊厳，リハビリテーションを受ける権利，社会参加権の保障が示された。さらに，差別禁止や権利擁護についても含まれている。

国連は，障害者の権利宣言を単なる理念として終わらせず，社会で実現するという意図のもとに1981(昭和56)年を「国際障害者年」とし，「完全参加と平等」のテーマのもとに，世界各国においてさまざまな取り組みが行われ，障害者福祉と**リハビリテーション**の向上及び「完全参加と平等」の理念の啓発に努めた。1982(昭和57)年には，「障害者に関する世界行動計画」を採択し，1983(昭和58)年から1992(平成4)年までを「国連・障害者の十年」と宣言し，同計画をガイドラインとして各国において「障害の予防」「**リハビリテーション**」「機会均等化」を中心として，障害者の社会生活向上への「完全参加と平等」を目標に行動計画を策定し，障害者の福祉を増進するよう提唱した。この行動計画のなかで1990(平成2)年には，アメリカ合衆国で「障害をもつアメリカ人法（ADA）」が制定された。この法律は，障害を「主たる生活活動を著しく制限する身体的・精神的機能障害」としてとらえ，これらの障害のある人に対する，公共交通機関の利用，情報の活用，公共建築物にアクセスする場合や職業などにおける差別を禁止した，障害者差別禁止法である。1992年に，国連アジア太平洋経済社会委員会（ESCAP）は，アジア太平洋地域での障害問題に関してばらつきがあるので，意識の向上，障害の予防と**リハビリテーション**の充実と完全参加と平等を図るために，国内調整，法律，情報など12の行動課題をあげ，1993(平成5)～2002(平成14)年までを「アジア太平洋障害者の10年」とした。

　さらに，この10年の成果が芳しくなかったため，再構築をして「アジア太平洋障害者の10年」の期間を継続し，2003(平成15)～2012(平成24)年の10年とした。

　また，国連においては，「障害者の権利条約」が2006(平成18)年に第61回国連総会本会議において採択された。障害者の人権についての規定や，アクセシビリティやモビリティについても適切な措置を講じることとなっている。2007(平成19)年に，わが国は同条約に批准する。

　同年には，「アジア太平洋障害者の10年」の行動計画である「びわこミレニアム・フレームワーク」（BMF）にかかわる後期5年間の行動指針として，「びわこプラスファイブ」がESCAPにおいて採択された。

(2) 日本におけるあゆみ

　わが国の場合は，1946（昭和21）年に「日本国憲法」が公布され，基本的人権の尊重，幸福追求権，生存権がうたわれた。この法をベースに福祉三法（「児童福祉法」，「生活保護法」，「身体障害者福祉法」）と「社会福祉事業法」が制定され，戦後の社会福祉制度の基礎が構築された。しかし，福祉基盤は十分でなく，福祉サービスは，行政が優先順位を決めて提供する「措置制度」による福祉施策であった。

　**1949（昭和24）年に，「身体障害者福祉法」**が成立し，わが国で初めて「障害者福祉」を用いる法律が誕生した。この法律は，日本で初めて身体障害者を対象として特別に制定され，障害があるために十分に職業的能力を発揮できない場合に，必要な補装具等を付与し，保護ではなく職業訓練により社会復帰可能な障害者を対象とした「更生法」であった。社会復帰を目標としたため，その可能性の乏しい重度障害者は対象外とした。

　1960年代の高度経済成長期には，産業構造の変化や核家族化の進行に伴い，家族の介護能力や扶養機能の低下により，障害者，とりわけ重度障害者を社会的に支えることが必要とされてきた。1960（昭和35）年には「精神薄弱者福祉法」（現・「知的障害者福祉法」）と「障害者の雇用の促進等に関する法律（障害者雇用促進法）」が成立し，それまで福祉の谷間に置かれていた18歳以上の知的障害者のための福祉サービスが実施されることになった。また，1963（昭和38）年には重度身体障害者更生援護施設，翌年には重度身体障害者授産施設が創設され，施設機能強化を主とした施策が展開された。

　**1970（昭和45）年には，「心身障害者対策基本法」**が制定され，障害者対策は福祉分野だけにとどまるものではなく，障害者の生活を支えるためのさまざまなニーズに対応するためのものであった。

　1984（昭和59）年には，国際障害者年を契機として「身体障害者福祉法」が改正され，身体障害者の理念を「更生の努力」から「自立への努力」に変更した。

1986（昭和61）年には，「国民年金法」，「厚生年金保険法」の改正が行われ，障害者の生活基盤となる所得保障として，障害基礎年金が設立された。従来の福祉手当に代わって，日常生活において常時特別な介護を必要とする状態にある最重度の障害者については，その負担の軽減を図る一助として特別障害者手当が創設された。

1990年には，地域住民に最も身近な在宅福祉サービスと施設福祉サービスが，きめ細かく，一元的，かつ計画的に提供される体制づくりと在宅福祉サービスを進めるために，「老人福祉法」など福祉関係八法が改正された。この際，「身体障害者福祉法」は，法の目的に「身体障害者の自立と社会経済活動への参加を促進する」理念が加えられ，在宅福祉サービスの位置づけが明確化され，併せて身体障害者更生援護施設への入所措置事務は市町村へ移譲された。

1993年には，「国連・障害者の十年」を経て，今後の新たな取り組みを定めた**「障害者対策に関する新長期計画」**が決定された。「リハビリテーション」と「ノーマライゼーション」の理念の下に，完全参加と平等をめざすという考え方を引き継ぎ，これまでの成果を発展させ，新たなニーズにも対応するとしている。

この計画の基本的な考えは，新たな時代のニーズに対応するとして5つの目標をたて，実現にむけて計画された。

① 障害者の主体性・自立性
② すべての人の参加によるすべての人のための平等な社会づくり
③ 障害の重度化・重複化への対応
④ 高齢化への対応
⑤ アジア太平洋障害者の10年への対応

また，ここでは分野別施策の課題と具体的方策，推進体制が出され，その効果が期待されたが，障害者行政が多くの省庁にまたがっており，総合的に進める必要性と，総花的，抽象的で具体的到達目標といったものが明らかにされていないという欠点があった。

同年,「心身障害者対策基本法」が改正され**「障害者基本法」**となった。これは,「国際障害者年」や「国連・障害者の十年」の成果をふまえて障害者福祉の現状に適合したものにする必要があったことや「ADA」の成立の影響により,障害者を取り巻く社会経済情勢の変化に対応したものである。

1994 (平成6) 年には,総理府 (現・内閣府) が初めて『障害者白書』を「障害者基本法」に基づいて発表し,以後毎年発行されている。

1995 (平成7) 年には,「精神保健法」が改正され「精神保健及び精神障害者福祉に関する法律」(精神保健福祉法) となった。これは,「障害者基本法」において精神障害者が福祉の対象として明確に位置づけられたことによる。また,この法律では精神障害者の自立と社会参加の促進,すなわち,病院から社会復帰施設へ,さらに地域社会へという考えが示された。

障害者対策推進本部の会議において,1996 (平成8) ～2002 (平成14) 年までの7ヵ年が「障害者プラン～ノーマライゼーション7ヵ年戦略～」重点施策実施計画として位置づけられた。この障害者プランの特色は,

① 政府全省庁の施策を横断的に反映
② 1996～2002年度の7ヵ年計画
③ 数値目標など具体的な政策目標を明示

であり,視点と目標は,①地域で共に生活するために,②社会的自立を促進するために,③バリアフリー化を促進するために,④生活の質 (QOL) の向上をめざして,⑤安全な暮らしと参加をめざす施策への取り組みなどが示された。

1999 (平成11) 年に示された「社会福祉基礎構造改革」によって,21世紀のわが国の社会福祉のあり方が示され,その内容は,利用者主体の理念を掲げ,①普遍化,②多元化,③分権化,④計画化,⑤総合化,⑥専門職化,⑦地域化,⑧自助化,⑨主体化,⑩権利擁護などを基調とした改革を提示し,介護保険制度や地域を中心としたシステムの構築のため社会福祉法が成立した。それによって,1999 (平成11) 年に身体障害者福祉審議会,中央児童福祉審議

会及び公衆衛生審議会精神保健福祉部会の合同企画分科会において取りまとめられた「今後の精神保健福祉施策のあり方について」の意見具申をふまえ，翌年，「社会福祉事業法」が「社会福祉法」となり，「身体障害者福祉法」，「知的障害者福祉法」などの改正が行われた。

　この改正では，障害者のノーマライゼーションや自己決定の理念の実現を図り，障害者の地域生活を支援するため，以下のことが行われた。

　① 障害者福祉サービスの利用方法を従来の「措置」から「契約」による利用制度へ変更すること。
　② 知的障害者及び障害児福祉に関する事務を市町村へ移譲すること。
　③ 身体障害者生活訓練等事業，知的障害者デイサービス事業など障害者の地域生活を支援するための事業を法定化すること。

　①については，障害者の自己決定を尊重し，利用者本位のサービス提供を基本とし，障害者みずからがサービスを選択して事業者と対等な関係に基づく契約によりサービスを利用する「支援費制度」として，2003（平成15）年に実施された。

　2002（平成14）年には，「障害者対策に関する新長期計画」や「障害者プラン」を引き継ぐ「障害者基本計画」が決定され，具体的目標として，「重点施策実施5ヵ年計画」（新障害者プラン）が決定された。この計画では**ノーマライゼーション，リハビリテーション**という2つの理念を基にし，国民が相互に支えあうような社会「共生社会」の考えを打ちだした。障害者でも自己決定権，自己選択権をもち社会の一員として責任を分け合う社会の実現をめざす内容になっている。

　基本的な考え方は，障害者基本計画にあげられている「共生社会」の実現が目的として掲げられ，具体的な施策として，①啓発・広報，②生活支援，③生活環境の整備，④教育・育成，⑤雇用・就業の確保，⑥保健・医療，⑦情報・コミュニケーション，⑧国際協力，があげられた。

　翌2003年の「支援費制度」は，従来までの福祉サービスの利用方法であった

措置制度ではなく，利用・契約制度へ変更になったことが主な点であった。利用者，行政，指定事業者（サービス提供者）の三者からなっているこの制度は，利用者は福祉サービスの利用にあたって，指定事業者に申し込みをする。この時，行政は指定事業者がサービスの提供者として問題がないことを確認する。また契約成立後の支援費の支給は行政が行う。利用者と指定事業者が直接契約を行うこと，つまり指定事業者の選択を利用者が行うというのが特徴である。この制度により，利用者自らがサービスを選択できるだけでなく，以前よりも近い地域でのサービスを受けることができるということなどから，急増する新

**図表1-9　日本と国連等の障害者施策の流れ**

| 年 | 1982 (昭和57) | 1987 (昭和63) | 1992 (平成4) | 1997 (平成9) | 2002 (平成14) | 2007 (平成19) | 2012 (平成24) |
|---|---|---|---|---|---|---|---|
| 計画 | 障害者対策に関する長期計画（昭和58～平成4年） | | | 障害者対策に関する新長期計画（平成5～14年） | | 障害者基本計画（平成15～24年） | |
| 重点施策 | | 障害者対策に関する長期計画後期重点施策（昭和62～平成4年） | | 障害者プラン（平成8～14年） | | 重点施策実施5か年計画（平成15～19年） | 新たな重点施策実施5か年計画（平成20～24年） |
| 法律 | 心身障害者対策基本法　昭和45年 | | | 障害者基本法　平成5年 | | 障害者基本法の改正　平成16年 | |
| 国際 | 国連・障害者の10年（1983～1992年） | | | ESCAPアジア太平洋障害者の10年（1993～2002年） | | ESCAPアジア太平洋障害者の10年〈第二次〉（2003～2012年） | |

障害者の権利宣言　1975年
国際障害者年　1981年
障害者に関する世界行動計画　1982年

障害者の権利に関する条約
採択　2006年
署名　2007年

資料）内閣府編『障害者白書（平成20年版）』

**図表1-10 戦後からの障害者福祉の流れ**

| 年　度 | 法　律　及　び　施　策　の　内　容 |
|---|---|
| 1949(昭和24)年 | 身体障害者福祉法（更生，社会復帰） |
| 1950(昭和25)年 | 精神衛生法（公衆衛生が目的，社会的隔離を目的とした措置入院制度） |
| 1951(昭和26)年 | 社会福祉事業法 |
| 1959(昭和34)年 | 国民年金法 |
| 1960(昭和35)年 | 精神薄弱者福祉法<br>身体障害者雇用促進法 |
| 1967(昭和42)年 | 児童福祉法改正（重症心身障害児施設法定化など）<br>身体障害者福祉法改正（障害範囲拡大，家庭奉仕員制度創設など）<br>精神薄弱者福祉法改正（援護施設類型化など） |
| 1970(昭和45)年 | 心身障害者対策基本法 |
| 1981(昭和56)年 | 国際障害者年（「完全参加と平等」をテーマとして世界各国で様々な取り組みがなされ「ノーマライゼーション」や「リハビリテーション」の理念が啓発） |
| 1982(昭和57)年 | 障害者対策に関する長期計画 |
| 1983(昭和58)年<br>〜10年間 | 国連・障害者の10年（「障害の予防」，「リハビリテーション」，「完全参加と平等」を目標とし，障害者の福祉が推進された） |
| 1984(昭和59)年 | 身体障害者福祉法改正（理念規定の整備）（「更生の努力」から「自立への努力」へ） |
| 1986(昭和61)年 | 障害者基礎年金の設立 |
| 1987(昭和62)年 | 精神衛生法から精神保健法へ（入院患者の人権尊重を打ち出した。社会復帰施設の設置，任意入院制度の導入） |
| 1990(平成2)年 | 福祉関係八法の改正（在宅福祉の制度化など） |
| 1993(平成5)年 | 障害者対策に関する新長期計画（障害者対策推進本部による）<br>福祉用具の研究開発及び普及に関する法律（福祉用具法）<br>心身障害者対策基本法から障害者基本法へ |
| 1994(平成6)年 | 障害者白書の発行開始<br>高齢者，身体障害者等が円滑に利用できる特定建築物の建築の促進に関する法律（ハートビル法） |
| 1995(平成7)年 | 精神保健法から精神保健及び精神障害者福祉に関する法律へ（精神保健福祉法・精神障害者の自立と社会参加の促進） |
| 1996(平成8)年<br>〜7年間 | 障害者プラン〜ノーマライゼーション7カ年戦略策定 |

| 1997(平成9)年 | 介護保険法　成立<br>今後の障害保健福祉施策のあり方について（中間報告） |
|---|---|
| 2000(平成12)年 | 社会福祉事業法から社会福祉法へ<br>身体障害者福祉法の改正<br>精神薄弱者福祉法から名称変更「知的障害者福祉法」へ<br>高齢者，身体障害者等の交通機関を利用した移動の円滑化の促進に関する法律（交通バリアフリー法）<br>介護保険法　施行 |
| 2002(平成14)年 | 障害者基本計画・重点施策実施5ヵ年計画<br>身体障害者補助犬法 |
| 2003(平成15)年 | 支援費制度（「措置」から「契約」へ） |
| 2004(平成16)年 | 改革のグランドデザイン(案) |
| 2005(平成17)年 | 障害者自立支援法　成立 |
| 2006(平成18)年 | 障害者自立支援法　施行<br>高齢者，障害者等の移動等の円滑化の促進に関する法律（バリアフリー新法） |

たな利用者への対応が不可欠となった。

　また，障害種別が細分化されたため，利用者が望むサービスを必ず受けられるようにはなっていなかったことなどが問題となった。「支援費制度」は施行されてから3年で，障害者自立支援法に引き継がれることになった。

　2004（平成16）年に，障害保健福祉施策の改革をめざす「改革のグランドデザイン（案）」が公表され，それを具体化したものが2006（平成18）年に実施された**「障害者自立支援法」**（2005年に成立）である。支援費制度で問題となった部分を改善し，より利用者に身近な地域での支援をと考えられたものである。

　今後の方向としては，地域においては，自立生活を支援するために必要な，福祉・保健・医療・教育・就労などのサービスについての総合的な相談対応と，ケアマネジメントを実施する障害者地域自立支援センターの設立の充実が求められる。また入所施設においては，施設による「自己評価」と「第三者評価」や在宅サービスにおけるサービス評価事業システムの充実が必要である。

　このように，施設や家族だけに頼るのではなく，地域でケアしていく方法を，

制度的にも社会的にも確立していく必要がある。すなわち，地域生活支援施策の充実であり，身近な地域における保健・福祉サービス等の社会資源の充実と関連機関の連携が求められている。これらの充実が障害者福祉の目的であり，豊かな社会をつくる道程といえるだろう。

## 6．障害者の実態

### (1) 障害者の総数

わが国の身体障害者の実態調査は，5年ごとに行われている。1951（昭和26）年が始まりで，知的障害者は1961（昭和36）年に実態調査が始まり，現在は，「基礎調査」として5年ごとに実施している。精神障害者は1963（昭和38）年に精神衛生実態調査として始まり，現在では，厚生労働省が3年に1回，全国の医療機関を対象に患者調査を実施している。

わが国の2006（平成18）年度の障害者の総数は，図表1-11のとおり年々増加しており，2006年には**723.8万人**あまりと推計されている。そのうち**在宅生活者が666.6万人**である。総人口が1億3,000万人弱であるので，国民のおよそ20人に1人が何らかの障害をもっていることになる。

身体障害者（児）の総数が最も多くて366.3万人，知的障害者（児）が54.7万人，精神障害者が302.8万人である。近年では自宅での地域生活が志向されているが，在宅で生活している身体障害者（児）は357.2万人，知的障害者（児）41.9万人，精神障害者は267.5万人となっている。身体障害，精神障害と比較すると知的障害の在宅生活の割合が低い。

また，前回の調査（2000年）と比較をしてみると，総数が655.9万人で67.9万人増えている。その内訳は，身体障害者（児）については，14.7万人，知的障害者（児）は8.8万人，精神障害者は44.4万人増加している。在宅者を見てみると身体障害者（児）は，24.5万人，知的障害者（児）は9万人，精神障害者については，43.6万人増加している。施設入所者について，身体障害者（児）と知的障害者（児）は減少傾向にあるが，精神障害者については増加し

図表1-11　障害者の総数（2000年および2006年）

(単位：万人)

|  | | 総　　数 | | 在　宅　者 | | 施設入所者 | |
|---|---|---|---|---|---|---|---|
|  | | (前回調査) | (最新調査) | (前回調査) | (最新調査) | (前回調査) | (最新調査) |
| 身体障害児・者[1] | | 351.6 | 366.3 | 332.7 | 357.2 | 18.9 | 8.7 |
| | 18歳未満 | 9.0 | 9.8 | 8.2 | 9.3 | 0.8 | 0.5 |
| | 18歳以上 | 342.6 | 356.3 | 324.5 | 348.3 | 18.1 | 8.2 |
| 知的障害児・者[2] | | 45.9 | 54.7 | 32.9 | 41.9 | 13.0 | 12.8 |
| | 18歳未満 | 10.3 | 12.3 | 9.4 | 11.7 | 0.9 | 0.8 |
| | 18歳以上 | 34.2 | 41.0 | 22.1 | 29.0 | 12.1 | 12.0 |
| | 年齢不詳 | 1.4 | 1.2 | 1.4 | 1.2 | 0.0 | 0.0 |
| 精神障害者[3] | | 258.4 | 302.8 | 223.9 | 267.5 | 34.5 | 35.3 |
| | 20歳未満 | 14.2 | 16.4 | 13.9 | 16.1 | 0.3 | 0.3 |
| | 20歳以上 | 243.6 | 285.8 | 209.5 | 250.8 | 34.1 | 35.0 |
| | 年齢不詳 | 0.6 | 0.6 | 0.5 | 0.5 | 0.1 | 0.1 |
| | | 655.9 | 723.8 | 589.5 | 666.6 | 66.4 | 56.8 |

注) 1　在宅者は厚生労働省「身体障害児・者実態調査」（平成13年および平成18年）、施設入所者は厚生労働省「社会福祉施設等調査」（平成12年および平成18年）等による。
　　2　在宅者は厚生労働省「知的障害児（者）基礎調査」（平成12年および平成17年）、施設入所者は厚生労働省「社会福祉施設等調査」（平成12年および平成17年）等による。
　　3　厚生労働省「患者調査」（平成14年および平成17年）による。
出所）内閣府編『障害者白書（平成21年版）』

ている。

### (2) 身体障害者（児）数の推移

　障害の種類別身体障害者（児）数は図表1-12のとおりであるが、2006年調査では肢体不自由が176万人で50.5％を占めて最も多く、ついで内部障害（心臓障害、腎臓障害、呼吸器障害、ぼうこうまたは直腸障害、小腸障害）が107万人で30.7％。聴覚言語障害が34.3万人の9.8％、視覚障害が31万人で8.9％となっている。

　前回調査と比較すると、構成比では内部障害が約4.5％増、肢体不自由が3.4％、視覚障害が0.4％、聴覚言語障害が0.9％の減となっている。

図表 1-12　身体障害者数（1965－2006年）

| | 実　数（千人） | | | | | | 構　成　比（％） | | | | | |
|---|---|---|---|---|---|---|---|---|---|---|---|---|
| | 総数 | 視覚障害 | 聴覚・言語障害 | 肢体不自由 | 内部障害 | 重複障害（再掲） | 総数 | 視覚障害 | 聴覚・言語障害 | 肢体不自由 | 内部障害 | 重複障害（再掲） |
| 昭和40年 | 1,048 | 234 | 204 | 610 | － | 215 | 100.0 | 22.3 | 19.5 | 58.2 | － | 20.5 |
| 45年 | 1,314 | 250 | 235 | 763 | 66 | 121 | 100.0 | 19.0 | 17.9 | 58.1 | 5.0 | 9.2 |
| 62年 | 2,413 | 307 | 354 | 1,460 | 292 | 156 | 100.0 | 12.7 | 14.7 | 60.5 | 12.1 | 6.5 |
| 平成3年 | 2,722 | 353 | 358 | 1,553 | 458 | 121 | 100.0 | 13.0 | 13.2 | 57.1 | 16.8 | 4.4 |
| 8年 | 2,933 | 305 | 350 | 1,657 | 621 | 179 | 100.0 | 10.4 | 11.9 | 56.5 | 21.2 | 6.1 |
| 13年 | 3,245 | 301 | 346 | 1,749 | 849 | 175 | 100.0 | 9.3 | 10.7 | 53.9 | 26.2 | 5.4 |
| 18年 | 3,483 | 310 | 343 | 1,760 | 1,070 | 310 | 100.0 | 8.9 | 9.8 | 50.5 | 30.7 | 8.9 |

注）内部障害については，昭和42年8月から心臓・呼吸器機能障害が，昭和47年7月からじん臓機能障害が，昭和59年10月からは，ぼうこうまたは直腸の機能障害が，昭和61年10月からは小腸機能障害が，平成10年4月からはヒト免疫不全ウイルスによる免疫の機能の障害がそれぞれ身体障害者の範囲に取り入れられた。
資料）厚生労働省社会・援護局障害保健福祉部「身体障害児・者実態調査」平成18年
出所）内閣府編『障害者白書（平成21年版）』

　また，年齢層別に身体障害者数の構成比をみると，70歳以上が最も多く177.5万人で51.0％を占めており，年齢層が低くなるにしたがって，その構成比の減少がみられる。前回の調査と比較でみると，60歳以上が73％から74.8％へと増加し，身体障害者の高齢化の傾向がうかがえる（図表1-13）。

　身体障害者の数の種類別・程度別状況で障害の程度別等級別にみると，1・2級の重い障害を有する身体障害者が167.5万人で48.1％，中等度の3・4級が129.3万人で37.2％，軽度障害の5・6級が40万人で11.5％となっており，前回調査と比べると1・2級の重度の階層が最も増加している。

　身体障害児・者実態調査の結果での身体障害の原因別にみると，疾患によるものが72.2万人で全体の20.7％を占めている。労働災害は11.3万人で3.2％，交通事故は10.6万人で3.0％，戦傷病・戦災は2.1万人で0.6％，その他の事故は10万人で2.9％となっている（図表1-14）。

図表1-13　年齢別身体障害者の数

(単位：千人)

| 調査年月 | 総数 | 18～19歳 | 20～29 | 30～39 | 40～49 | 50～59 | 60～69 | 70～ | 不詳 |
|---|---|---|---|---|---|---|---|---|---|
| 昭和40年8月 | 1,048 (100.0) | 15 (1.4) | 73 (7.0) | 112 (10.7) | 172 (16.4) | 215 (20.5) | 231 (22.0) | 231 (22.0) | — (—) |
| 45年10月 | 1,314 (100.0) | 13 (1.0) | 97 (7.4) | 127 (9.7) | 209 (15.9) | 274 (20.9) | 319 (24.3) | 275 (20.9) | — (—) |
| 62年2月 | 2,413 (100.0) | 8 (0.3) | 78 (3.2) | 182 (7.5) | 269 (11.1) | 483 (20.0) | 638 (26.4) | 756 (31.3) | — (—) |
| 平成3年11月 | 2,722 (100.0) | 16 (0.6) | 71 (2.6) | 136 (5.0) | 266 (9.8) | 467 (17.2) | 789 (29.0) | 918 (33.7) | 58 (2.1) |
| 8年11月 | 2,933 (100.0) | 8 (0.3) | 72 (2.5) | 111 (3.8) | 242 (8.3) | 435 (14.8) | 786 (26.8) | 1,179 (40.2) | 99 (3.4) |
| 13年6月 | 3,245 (100.0) | 11 (0.3) | 70 (2.2) | 93 (2.9) | 213 (6.6) | 468 (14.4) | 885 (27.3) | 1,482 (45.7) | 22 (0.7) |
| 18年6月 | 3,483 (100.0) | 12 (0.3) | 65 (1.9) | 114 (3.3) | 182 (5.2) | 470 (13.5) | 830 (23.8) | 1,775 (51.0) | 35 (1.0) |

資料）厚生労働省社会・援護局障害保健福祉部「身体障害児・者実態調査」平成18年
出所）内閣府編『障害者白書（平成21年版）』

図表1-14　身体障害者数の種類別・程度別状況

(単位：千人)

| | 総数 | 1級 | 2級 | 3級 | 4級 | 5級 | 6級 | 不明 |
|---|---|---|---|---|---|---|---|---|
| 平成18年 | 3,483 (100.0) | 1,171 (33.6) | 504 (14.5) | 580 (16.7) | 713 (20.5) | 225 (6.5) | 175 (5.0) | 115 (3.3) |
| 平成13年 | 3,245 (100.0) | 850 (26.2) | 614 (18.9) | 602 (18.6) | 660 (20.3) | 260 (8.0) | 216 (6.7) | 45 (1.4) |
| 対前回比（％） | 107.3 | 137.8 | 82.1 | 96.3 | 108.0 | 86.5 | 81.0 | 257.8 |
| 平成18年の内訳 | | | | | | | | |
| 視覚障害 | 310 (100.0) | 110 (35.5) | 82 (26.5) | 19 (6.1) | 29 (9.4) | 32 (10.3) | 26 (8.4) | 12 (3.9) |
| 聴覚・言語障害 | 343 (100.0) | 15 (4.4) | 97 (28.3) | 73 (21.3) | 50 (14.5) | 3 (0.9) | 77 (22.4) | 29 (8.5) |
| 肢体不自由 | 1,760 (100.0) | 449 (25.5) | 312 (17.7) | 293 (16.6) | 392 (22.3) | 190 (10.8) | 72 (4.1) | 52 (3.0) |
| 内部障害 | 1,070 (100.0) | 597 (55.8) | 13 (1.2) | 195 (18.2) | 243 (22.7) | — (—) | — (—) | 22 (2.1) |
| 重複障害（再掲） | 310 (100.0) | 151 (48.7) | 72 (23.2) | 32 (10.3) | 21 (6.8) | 6 (1.9) | 7 (2.3) | 21 (6.8) |

注）（　）内は構成比（％）
資料）厚生労働省社会・援護局障害保健福祉部「身体障害児・者実態調査」平成18年
出所）内閣府編『障害者白書（平成21年版）』

図表1-15　身体障害の原因別状況

(単位：千人)

| | 総数 | 事故 | | | | | 疾患 | | | | 出生時の損傷 | 加齢 | その他 | 不明 | 不詳 |
|---|---|---|---|---|---|---|---|---|---|---|---|---|---|---|---|
| | | 交通事故 | 労働災害 | その他の事故 | 戦傷病・戦災 | 小計 | 感染症 | 中毒性疾患 | その他の疾患 | 小計 | | | | | |
| 平成18年 | 3,483 (100.0) | 106 (3.0) | 113 (3.2) | 100 (2.9) | 21 (0.6) | 341 (9.8) | 58 (1.7) | 8 (0.2) | 656 (18.8) | 722 (20.7) | 79 (2.3) | 166 (4.8) | 356 (10.2) | 446 (12.8) | 1,372 (39.4) |
| 平成13年 | 3,245 (100.0) | 144 (4.4) | 204 (6.3) | 150 (4.6) | 55 (1.7) | 553 (17.0) | 76 (2.3) | 13 (0.4) | 760 (23.4) | 849 (26.2) | 145 (4.5) | 154 (4.7) | 349 (10.8) | 461 (14.2) | 734 (22.6) |
| 対前回比 (%) | 107.3 | 73.6 | 55.4 | 66.7 | 38.2 | 61.7 | 76.3 | 61.5 | 86.3 | 85.0 | 54.5 | 107.8 | 102.0 | 96.7 | 186.9 |
| 平成18年内訳 | | | | | | | | | | | | | | | |
| 視覚障害 | 310 (100.0) | 11 (3.5) | 2 (0.6) | 8 (2.6) | 3 (1.0) | 25 (8.1) | 4 (1.3) | 1 (0.3) | 56 (18.1) | 61 (19.7) | 14 (4.5) | 7 (2.0) | 41 (13.2) | 58 (18.7) | 105 (33.9) |
| 聴覚・言語障害 | 343 (100.0) | 6 (1.7) | 3 (0.9) | 6 (1.7) | 2 (0.6) | 17 (5.0) | 3 (0.9) | — (—) | 47 (13.7) | 51 (14.9) | 7 (2.0) | 29 (8.5) | 29 (8.5) | 51 (15.0) | 160 (46.7) |
| 肢体不自由 | 1,760 (100.0) | 89 (5.1) | 96 (5.5) | 86 (4.9) | 14 (0.8) | 284 (16.1) | 36 (2.0) | 2 (0.1) | 356 (20.2) | 394 (22.4) | 53 (3.0) | 70 (4.0) | 145 (8.2) | 163 (9.3) | 651 (37.0) |
| 内部障害 | 1,070 (100.0) | 1 (0.1) | 11 (1.0) | 1 (0.1) | 2 (0.2) | 15 (1.4) | 15 (1.4) | 6 (0.6) | 196 (18.3) | 216 (20.2) | 6 (0.6) | 60 (5.6) | 142 (13.3) | 174 (16.3) | 457 (42.7) |

注）（　）内は構成比（％）
資料）厚生労働省社会・援護局障害保健福祉部「身体障害者実態調査」平成18年
出所）内閣府編「障害者白書」（平成21年版）

身体障害児（18歳未満）

**図表１－16　身体障害児の原因別状況**

(単位：人（％）)

| | 総数 | 事故 | | | 疾病 | | | | 出生時の損傷 | その他 | 不明 | 不詳 |
|---|---|---|---|---|---|---|---|---|---|---|---|---|
| | | 交通事故 | その他の事故 | 小計 | 感染症 | 中毒性疾患 | その他の疾患 | 小計 | | | | |
| 総数 | 93,100 (100.0) | 1,200 (1.3) | 1,500 (1.6) | 2,700 (2.9) | 1,500 (1.6) | 300 (0.3) | 7,400 (7.9) | 9,200 (9.9) | 17,900 (19.2) | 16,700 (17.9) | 32,200 (34.6) | 14,200 (15.3) |
| 視覚障害 | 4,900 (100.0) | － (－) | － (－) | － (－) | 300 (6.1) | － (－) | 300 (6.1) | 600 (12.2) | 600 (12.2) | 1,200 (24.5) | 1,500 (30.6) | 900 (18.4) |
| 聴覚・言語障害 | 17,300 (100.0) | － (－) | － (－) | － (－) | － (－) | － (－) | 600 (3.5) | 600 (3.5) | 1,500 (8.7) | 900 (5.2) | 9,600 (55.5) | 4,600 (26.6) |
| 肢体不自由 | 50,100 (100.0) | 1,200 (2.4) | 1,500 (3.0) | 2,700 (5.4) | 900 (1.8) | － (－) | 4,900 (9.8) | 5,800 (11.6) | 14,200 (28.3) | 10,200 (20.4) | 11,800 (23.6) | 5,300 (10.6) |
| 内部障害 | 20,700 (100.0) | － (－) | － (－) | － (－) | 300 (1.4) | 300 (1.4) | 1,500 (7.2) | 2,100 (10.1) | 1,500 (7.2) | 4,300 (20.8) | 9,300 (44.9) | 3,400 (16.4) |

注）（　）内は構成比
資料）厚生労働省「身体障害児・者実態調査」平成18年
出所）内閣府編『障害者白書（平成21年版）』

身体障害児（18歳未満）の実態調査の結果によると，身体障害児は，9.31万人おり，そのうち視覚障害者の児童は0.49万人の5.3%，聴覚障害（音声言語機能障害も含む）の児童は1.73万人の18.6%，肢体不自由児は5.01万人の53.8%，内部障害は2.7万人の29%である。また，障害の原因別にみた場合，出生時の損傷が1.79万人（19.2%），その他の感染が0.74万人で7.9%，感染症とその他の事故がそれぞれ0.15万人の1.6%となっている。原因不明が4.64万人（49.9%）である（図表1-15，図表1-16）。

(3) 知的障害児（者）

2005（平成17）年度の基礎調査においては，在宅者41.9万人，施設入所者12.8万人で合計54.7万人となっている。このうち，18歳未満の知的障害児は，12.5万人（在宅者11.7万人，施設入所者0.8万人）となっている。また，18歳以上の知的障害者は41.0万人で，在宅者は29.0万人，施設入所者は12.0万人となっている。

図表1-17　知的障害児（者）数

|  | 総　　数 | 在　宅　者 | 施設入所者 |
| --- | --- | --- | --- |
| 18　歳　未　満 | 12.5万人 | 11.7万人 | 0.8万人 |
| 18　歳　以　上 | 41.0万人 | 29.0万人 | 12.0万人 |
| 年　齢　不　詳 | 1.2万人 | 1.2万人 | 0.0万人 |
| 合　　計 | 54.7万人 | 41.9万人 | 12.8万人 |

資料）「知的障害者」在宅者：厚生労働省「知的障害児（者）基礎調査」平成17年
　　　施設入所者：厚生労働省「社会福祉施設等調査」平成17年
出所）内閣府編『障害者白書（平成21年版）』

在宅の知的障害児（者）の障害の男女別，年齢階層別，障害の程度別人数は図表1-18のとおりである。男女別においては，男子58.1%，女子39.7%を占めている。

最重度が14.9%，重度が24.4%，中度が25.5%，軽度が23.3%となっている。

図表1-18　在宅の知的障害児（者）男女別・年齢階層別・障害の程度別人数（推計値）

(単位：人)

| | 総数 | 男 | 女 | 不詳 | 最重度 | 重度 | 中度 | 軽度 | 不詳 |
|---|---|---|---|---|---|---|---|---|---|
| 総数 | 419,000 | 243,300 | 166,400 | 9,300 | 62,400 | 102,200 | 106,700 | 97,500 | 50,100 |
| | (100.0) | (58.1) | (39.7) | (2.2) | (14.9) | (24.4) | (25.5) | (23.3) | (12.0) |
| 18歳未満 | 117,300 | 75,500 | 41,400 | 400 | 22,000 | 28,100 | 26,200 | 33,300 | 7,700 |
| | (100.0) | (64.4) | (35.3) | (0.3) | (18.8) | (23.9) | (22.4) | (28.4) | (6.5) |
| 0〜4 | 15,600 | 9,900 | 5,700 | − | 3,600 | 2,000 | 4,000 | 4,800 | 1,000 |
| 5〜9 | 39,800 | 25,400 | 14,100 | 200 | 6,700 | 10,100 | 8,500 | 12,700 | 1,800 |
| 10〜14 | 36,300 | 25,400 | 10,900 | − | 6,100 | 11,300 | 8,580 | 7,300 | 3,200 |
| 15〜17 | 25,600 | 14,800 | 10,700 | 200 | 5,600 | 4,600 | 5,200 | 8,500 | 1,600 |
| 18歳以上 | 289,600 | 165,800 | 123,400 | 400 | 39,800 | 73,700 | 78,700 | 63,000 | 34,300 |
| | (100.0) | (57.3) | (42.6) | (0.1) | (13.7) | (25.5) | (27.2) | (21.8) | (11.9) |
| 18〜19 | 20,600 | 12,700 | 7,900 | − | 4,400 | 4,200 | 5,000 | 5,700 | 1,200 |
| 20〜29 | 83,600 | 47,700 | 35,900 | − | 16,800 | 22,400 | 20,000 | 16,600 | 7,900 |
| 30〜39 | 85,000 | 51,700 | 33,100 | 200 | 10,700 | 25,000 | 22,400 | 20,000 | 6,900 |
| 40〜49 | 43,800 | 24,400 | 19,400 | − | 3,200 | 7,500 | 16,000 | 10,100 | 7,100 |
| 50〜59 | 31,500 | 16,600 | 14,700 | 200 | 1,400 | 6,900 | 10,300 | 6,500 | 6,500 |
| 60〜64 | 9,700 | 5,400 | 4,200 | − | 1,400 | 2,600 | 2,000 | 1,800 | 1,800 |
| 65以上 | 15,300 | 7,300 | 8,100 | − | 1,800 | 5,000 | 3,000 | 2,400 | 3,000 |
| 不詳 | 12,100 | 2,000 | 1,600 | 8,500 | 600 | 400 | 1,800 | 1,200 | 8,100 |
| | (100.0) | (16.7) | (13.3) | (70.0) | (5.0) | (3.3) | (15.0) | (10.0) | (66.7) |

注）（　）内は構成比（％）
資料）厚生労働省「知的障害児（者）基礎調査」平成17年
出所）内閣府編『障害者白書（平成21年版）』

18歳以上の重度と最重度は39.2％，中度と軽度は49.0％である。

(4)　精神障害者

　知的障害者を除く精神障害者は，全体で約303万人と推定（平成17年患者調査より推計）されている。そのなかで，精神科病院に入院しているものは，約35万人，在宅で生活しているのは約268万人である。また，社会復帰施設およびグループホームを利用しているものは1.2万人である。

　在宅の精神障害者の年齢構成別では，20歳から64歳までの者が65.1％と最も多く，次いで，65歳以上が28.6％，19歳以下が6.0％となっている。高齢化の

### 図表1-19　精神障害者（知的障害を除く）の現状

(単位：万人)

| 総　数 | 精神科病院入院 | 社会復帰施設およびグループホーム利用 | 在　宅 |
|---|---|---|---|
| 303 | 35 | 1.2 | 268 |
| | | 通院公費負担医療患者数 | 69 |

資料）平成17年患者調査，厚生労働省報告例等

### 図表1-20　障害程度等級表

■知的障害者障害程度等級表

知的機能の障害が，発達期（おおむね18歳まで）に現われ，日常生活に支障が生じているため，何らかの特別の援助を必要とする状態にあるもの

| 障害等級 | 内　　　　容 |
|---|---|
| A1 | 知能指数がおおむね35以下で日常生活において，介助又は監護を必要とするもの（重度） |
| A2 | 肢体不自由，盲，ろうあ等の障害が知能指数がおおむね50以下で日常生活において，介助又は監護を必要とするもの（重度＋身障手帳1〜3級） |
| B1 | 知能指数がおおむね50以下（中度） |
| B2 | 知能指数がおおむね75以下（軽度） |

■精神障害者障害程度等級表

精神疾患を有する者のうち，精神障害のため長期にわたり日常生活又は社会生活への制約があるもの
統合失調症，そううつ病，非定型精神病，てんかん，中毒性精神病及びその他の精神疾患のすべてが対象でありますが，知的障害は含まれない。

| 障害等級 | 内　　　　容 |
|---|---|
| 1級 | 精神障害であって日常生活の用を弁ずることを不能ならしめる程度のもの |
| 2級 | 精神障害であって日常生活が著しい制限を受けるか，又は日常生活に著しい制限を加えることを必要とする程度のもの |
| 3級 | 精神障害であって日常生活若しくは社会生活が制限を受けるか，又は日常生活若しくは社会生活に制限を加えることを必要とする程度のもの |

資料）厚生労働省

影響が非常に色濃く表れていることが理解できる（図表1-21）。

　患者調査による種類別在宅の精神障害者をみてみると，気分（感情）障害（躁うつ病を含む）が33.3％で，神経症障害・ストレス関連障害及び身体表現

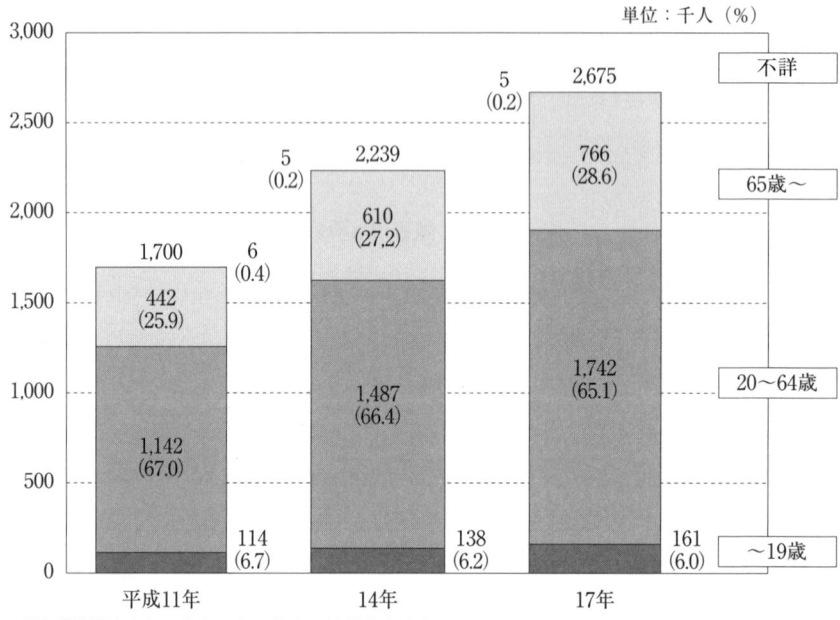

図表1-21　年齢階層別障害者数の推移（精神障害者・在宅）

単位：千人（％）

| 年 | 合計 | 不詳 | 65歳〜 | 20〜64歳 | 〜19歳 |
|---|---|---|---|---|---|
| 平成11年 | 1,700 | 6 (0.4) | 442 (25.9) | 1,142 (67.0) | 114 (6.7) |
| 14年 | 2,239 | 5 (0.2) | 610 (27.2) | 1,487 (66.4) | 138 (6.2) |
| 17年 | 2,675 | 5 (0.2) | 766 (28.6) | 1,742 (65.1) | 161 (6.0) |

注）「精神障害者・在宅」とは外来の精神疾患患者である。
資料）厚生労働省「患者調査」より厚生労働省社会・援護局障害保健福祉部で作成

性障害が21.5％，統合失調症，統合失調症型障害及び妄想性障害が20.7％となっている。

　全体の精神障害者数における「統合失調症，統合失調症型障害及び妄想性障害」や「神経症障害，ストレス関連障害及び身体表現性障害」の占める割合が減少しているが，「気分（感情）障害（躁うつ病を含む）」の占める割合が増加している（図表1-22）。

(5)　障害者の実態

　障害者の実態として，高齢化と重度化の傾向が顕著になってきていることがうかがえる。また，施設から，在宅や地域生活へ穏やかに移行してきていることが示されている（図表1-11）。しかし　知的障害者については，施設入所は

第1章　障害者を取り巻く社会情勢と生活実態　45

**図表1-22　種類別障害者数の推移（精神障害者・在宅）**

単位：千人（%）

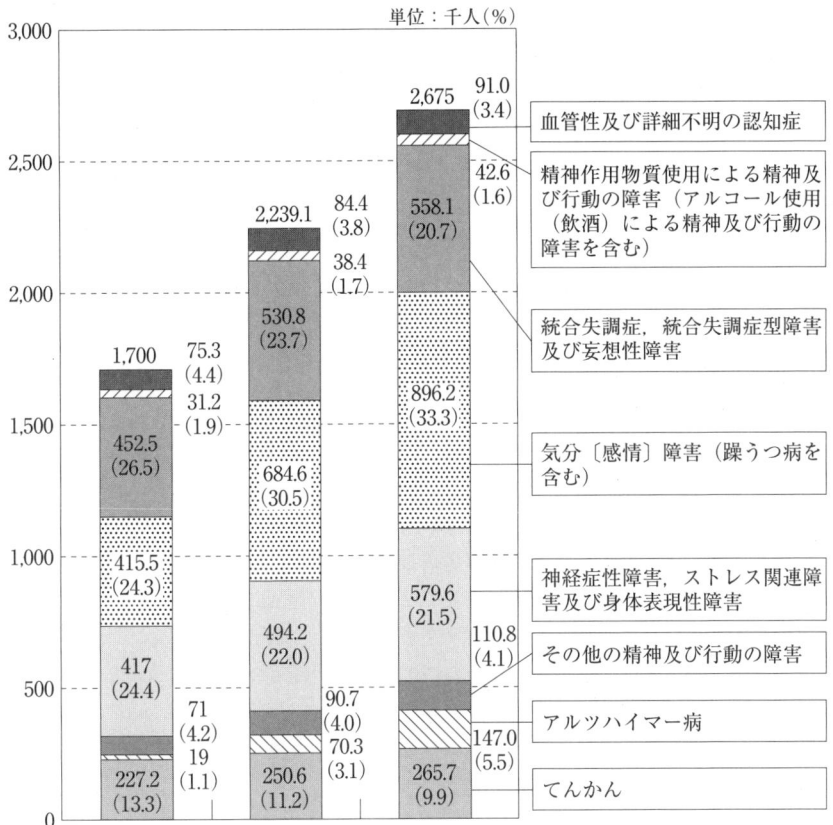

| 年 | 合計 | 血管性及び詳細不明の認知症 | 精神作用物質使用による精神及び行動の障害（アルコール使用（飲酒）による精神及び行動の障害を含む） | 統合失調症，統合失調症型障害及び妄想性障害 | 気分〔感情〕障害（躁うつ病を含む） | 神経症性障害，ストレス関連障害及び身体表現性障害 | その他の精神及び行動の障害 | アルツハイマー病 | てんかん |
|---|---|---|---|---|---|---|---|---|---|
| 1 | 1,700 | 75.3 (4.4) | 31.2 (1.9) | 452.5 (26.5) | 415.5 (24.3) | 417 (24.4) | 71 (4.2) | 19 (1.1) | 227.2 (13.3) |
| 2 | 2,239.1 | 84.4 (3.8) | 38.4 (1.7) | 530.8 (23.7) | 684.6 (30.5) | 494.2 (22.0) | 90.7 (4.0) | 70.3 (3.1) | 250.6 (11.2) |
| 3 | 2,675 | 91.0 (3.4) | 42.6 (1.6) | 558.1 (20.7) | 896.2 (33.3) | 579.6 (21.5) | 110.8 (4.1) | 147.0 (5.5) | 265.7 (9.9) |

注）1　疾患名については，調査時点のものである。
　　2　「精神障害者・在宅」とは，外来の精神疾患患者である。
資料）厚生労働省「患者調査」より厚生労働省社会・援護局障害保健福祉部で作成

いまだかなり高い割合となっている。在宅生活をしている障害者の大部分は，家族と同居していると考えられ，障害者が家族の介護によって支えられている実態がみて取れる。親や家族の高齢化と障害者の高齢化の問題は切実であり，親が介護できなくなったら施設へというシステムではなく，親亡き後も含めた生活の場としてのグループホームが重要であり，一層の充実が必要である。

また，欧米諸国では障害者が全人口に占める割合は10～18％で，手帳制度は

ない。わが国では，障害者の手帳がなければ，障害者とは認定されず，手帳がなければ福祉サービスが利用できないことが多い。さらに，障害を抱えている人のなかには，偏見や差別の対象となってしまうことを恐れて，手帳の取得を躊躇している場合がある。こういった現実を深刻に受け止め，障害者の自立支援システムの再構築をしなければならない（図表1-20, 図表1-21）。

注）
1) 身体障害者障害程度等級表
2) 東京都知的障害者程度基準「愛の手帳」

**参考文献**
　新・福祉士養成講座編集委員会編『障害者に対する支援と障害者自立支援制度　障害者福祉論』中央法規，2009年
　馬場茂樹編『社会福祉士ワークブック』ミネルヴァ書房，2010年
　社会福祉学習双書編集委員編『障害者福祉論』全国社会福祉協議会，2009年
　佐藤久夫・小沢温『障害者福祉の世界（第3版）』有斐閣アルマ，2006年
　小沢温編『よくわかる障害者福祉』ミネルヴァ書房，2007年
　内閣府編『障害者白書（平成21年版）』2009年
　厚生労働省編『厚生労働白書（平成21年版）』2009年
　社会福祉の動向編集委員会編『社会福祉の動向』中央法規，2010年
　厚生統計協会編『国民の福祉の動向』厚生統計協会，2009年
　基礎からの社会福祉編集委員会編『障害者福祉論』ミネルヴァ書房，2008年
　中村優一・板山賢治編『自立生活への道』全国社会福祉協議会，1980年
　高橋流里子『障害者の人権とリハビリテーション』中央法規，2008年
　江草安彦『ノーマリゼーションへの道』全国社会福祉協議会，1982年
　定藤文弘・岡本栄一編『自立生活の思想と展望』ミネルヴァ書房，1993年
　世界保健機関・障害者福祉研究会編『ICF 国際機能分類—国際障害分類改定版』中央法規，2002年

## ◆読者のための参考図書◆

『障害者白書』内閣府,毎年6月
　「障害者基本法」に基づいて厚生労働省が国会に提出している障害者施策の概況の年次報告書である。障害者福祉のあらゆる分野の施策や関連資料が紹介されているので,障害者保健福祉施策の動向を知ることができる。その他,『精神保健福祉白書』(精神保健福祉編集委員会編),『発達障害白書』(日本発達障害福祉連盟編)なども毎年発行されている。

社会福祉の動向編集委員会編『社会福祉の動向』中央法規,毎年2月
　わが国の社会福祉制度を構成する各分野に渡り,制度の概要と最近の動向を示している。わかりやすく解説してあり,社会福祉制度の理解を深めるには必要な書である。

厚生統計協会編『国民の福祉の動向』厚生統計協会,毎年10月
　わが国の広い範囲に及ぶ社会福祉の動向を概観するのに適している。制度の概要と最近の動向をわかりやすく解説しており,社会福祉の制度の理解を深め今後の福祉のあり方を考えるうえで参考になる。

世界保健機関・障害者福祉研究会編『ICF国際機能分類―国際障害分類改定版』中央法規,2002年
　国際生活機能分類の厚生労働省による全訳。国際生活機能分類の基本的考え方,目的,分類コード化を理解するのに大変よい。健康状態,心身機能・身体構造活動,参加,環境因子,個人因子など各分野において,国際的な共通認識や共通用語について理解できる。

中園康夫『ノーマリゼーション原理の研究』海声社,1996年
　バンク=ミケルセンによって誕生したノーマライゼーションの理念を発展させたベンクト・ニィリエ,ヴォルヘンスベルガーの3人のノーマライゼーション思想をわかりやすく紹介している。ノーマライゼーションの原理を正確に理解するのによい文献である。

佐藤久夫・小澤温『障害者福祉の世界(改訂版)』有斐閣,2006年
　「障害」と「障害者」の理解の仕方,障害者の思想,障害者福祉制度の概要,生活支援と自立支援など障害者福祉の全体像を理解することができる。障害者福祉の基本的な理念とともに,障害者自身の意識の変革,障害者自立支援法の解説など,障害者福祉を考えるうえで参考になる。

手塚直樹『障害者とはなにか』ミネルヴァ書房,2003年
　障害者福祉とはなにかを中心に据え,障害者福祉の理念,歴史,現状,障害の概念や障害者の実態,制度サービス内容などを基本的な知識として系統的にとらえていくことを重要視している。具体的な事例を含めながら,障害者福祉を体系的に理解できるテキストでもある。

新・社会福祉士養成講座編集委員会編『障害者に対する支援と障害者自立支援制度』中央法規,2009年
　社会福祉士の国家資格試験のテキストでもある。新養成カリキュラムに立脚した章立てをしている。実践能力を養うための基本的な考え方,方法・実践例が盛り込んである。

小澤温編『よくわかる障害者福祉』ミネルヴァ書房，2007年
> 障害者福祉に関する基本概念，歴史，法律と実施体制，障害者福祉計画などのトピックが見開きページでまとめられているため，障害者福祉の概略が理解しやすい。障害者の地域生活と自立支援についての施策・動向なども解説してある。

定藤丈弘・岡本栄一・北野誠一編『自立生活の思想と展望』ミネルヴァ書房，1996年
> 障害者が自立して生活を営むことのできる権利についての解説と，日本における自立生活運動について概観を述べ，自立生活の福祉的意義をわかりやすく述べている。自立生活を支える思想や理念をまとめてあり，児童・高齢者などの社会福祉における共通した普遍的な理念にもなっている「自立支援」について言及している。

上田敏『リハビリテーションを考える』青木書店，1983年
> 障害者福祉の理念のひとつであるリハビリテーションを全人間的復権としてとらえ，障害の構造に関する基本的枠組みと理念が示されている。障害のとらえ方，リハビリテーション医学の分析と職業，教育，社会リハビリテーションや従事する専門家の役割と倫理について解説してある。障害者福祉を考えるうえでの基本的な著書である。

『ノーマライゼーション』(月刊) 日本障害者リハビリテーション協会
> 障害者問題に対しての情報誌。月々のテーマを決めて特集を組んでいるのが特徴である。行政，実践現場や当事者などから意見が述べてある。タイムリーな話題が多いので，障害者福祉を専門的に行う人は必読である。

◇ 演習課題
① 日本や国連などの障害者の施策を年代順にまとめてみよう。
② 身体障害者(児)，知的障害者(児)，精神障害者のニーズについてまとめてみよう。

※ 考えてみよう
① 障害者を「障害者」という人ではなく「障害というひとつの特徴をもつ人」としてとらえてみることが重要である。それらの考えに基づいて，その人の生活課題を制度や施策から学び，自立について考えてみよう。
② 4つの障壁（バリア）を具体的にあげてみよう。また身近な地域や学校などの障壁（バリア）を調べてみよう。
③ ICF（国際生活機能分類）の諸次元の相互作用の資料（図表1-4）を使って自分の生活や障害者について分析してみよう。

第1章 障害者を取り巻く社会情勢と生活実態　49

**■身体障害者障害程度等級表**

■（濃い網掛け）は，第1種身体障害者の範囲
□（薄い）は，第2種身体障害者の範囲

《視覚障害》

| | 1級 | 2級 | 3級 | 4級 | 5級 | 6級 |
|---|---|---|---|---|---|---|
| | 両眼の視力の和が0.01以下のもの | ①両眼の視力の和が0.02以上0.04以下のもの<br>②両眼の視野がそれぞれ10度以内でかつ両眼による視野について視能率による損失率が95パーセント以上のもの | ①両眼の視力の和が0.05以上0.08以下のもの<br>②両眼の視野がそれぞれ10度以内でかつ両眼による視野について視能率による損失率が90パーセント以上のもの | ①両眼の視力の和が0.09以上0.12以下のもの<br>②両眼の視野がそれぞれ10度以内のもの | ①両眼の視力の和が0.13以上0.2以下のもの<br>②両眼による視野の1/2以上が欠けているもの | 一眼の視力が0.02以下他眼の視力が0.6以下のもので両眼の視力の和が0.2を超えるもの |

《聴覚障害・平衡機能障害》

| | 1級 | 2級 | 3級 | 4級 | 5級 | 6級 |
|---|---|---|---|---|---|---|
| | | 両耳の聴力レベルがそれぞれ100dB以上のもの | 両耳の聴力レベルがそれぞれ90dB以上のもの | ①両耳の聴力レベルがそれぞれ80dB以上のもの<br>②両耳による普通話声の最良の語音明瞭度が50％以下のもの | | ①両耳の聴力レベルがそれぞれ70dB以上のもの<br>②一側耳の聴力レベルが90dB以上，他側耳の聴力レベルが50dB以上のもの |
| | | | 平衡機能の極めて著しい障害 | | 平衡機能の著しい障害 | |

《音声機能・言語機能・そしゃく機能障害》

| | 1級 | 2級 | 3級 | 4級 | 5級 | 6級 |
|---|---|---|---|---|---|---|
| | | | 音声機能，言語機能又はそしゃく機能の喪失 | 音声機能，言語機能又はそしゃく機能の著しい障害 | | |

《肢体不自由》

※7級に該当する障害は、2以上重複する場合でなければ身体障害者の手帳は受けられません。

| | 1級 | 2級 | 3級 | 4級 | 5級 | 6級 | 7級 |
|---|---|---|---|---|---|---|---|
| 上肢 | ①両上肢の機能を全廃したもの<br>②両上肢を手関節以上で欠くもの | ①両上肢の機能の著しい障害<br>②両上肢のすべての指を欠くもの<br>③一上肢を上腕の1/2以上で欠くもの<br>④一上肢の機能を全廃したもの | ①両上肢のおや指及びひとさし指を欠くもの<br>②両上肢のおや指及びひとさし指の機能を全廃したもの<br>③一上肢の機能の著しい障害<br>④一上肢のすべての指を欠くもの<br>⑤一上肢のすべての指の機能を全廃したもの | ①両上肢のおや指を欠くもの<br>②両上肢のおや指の機能を全廃したもの<br>③一上肢の肩関節、肘関節又は手関節のうち、いずれか一関節の機能を全廃したもの<br>④一上肢のおや指及びひとさし指を欠くもの<br>⑤一上肢のおや指及びひとさし指の機能を全廃したもの<br>⑥おや指又はひとさし指を含めて一上肢の三指を欠くもの<br>⑦おや指又はひとさし指を含めて一上肢の三指の機能を全廃したもの<br>⑧おや指又はひとさし指を含めて一上肢の四指の機能の著しい障害 | ①両上肢のおや指の機能の著しい障害<br>②一上肢の肩関節、肘関節又は手関節のうち、いずれか一関節の機能の著しい障害<br>③一上肢のおや指を欠くもの<br>④一上肢のおや指の機能を全廃したもの<br>⑤おや指又はひとさし指を含めて一上肢の三指の著しい障害<br>⑥おや指又はひとさし指を含めて一上肢の三指の機能の著しい障害 | ①一上肢のおや指の機能の著しい障害<br>②ひとさし指を含めて一上肢の二指を欠くもの<br>③ひとさし指を含めて一上肢の二指の機能を全廃したもの | ①一上肢の機能の軽度の障害<br>②上肢の肩関節、肘関節又は手関節のうち、いずれか一関節の機能の軽度の障害<br>③一上肢の手指の機能の軽度の障害<br>④ひとさし指を含めて一上肢の二指の機能の軽度の障害<br>⑤一上肢のなか指、くすり指及び小指を欠くもの<br>⑥一上肢のなか指、くすり指及び小指の機能を全廃したもの |

| | 1級 | 2級 | 3級 | 4級 | 5級 | 6級 | 7級 |
|---|---|---|---|---|---|---|---|
| 下肢 | ①両下肢の機能を全廃したもの<br>②両下肢を大腿の1/2以上で欠くもの | ①両下肢の機能の著しい障害<br>②両下肢を下腿の1/2以上で欠くもの | ①両下肢をショパール関節以上で欠くもの<br>②両下肢を下腿の1/2以上で欠くもの<br>③一下肢の機能を全廃したもの | ①両下肢のすべての指を欠くもの<br>②両下肢のすべての指の機能を全廃したもの<br>③一下肢を下腿の1/2以上で欠くもの<br>④一下肢の機能の著しい障害<br>⑤一下肢の股関節又は膝関節の機能を全廃したもの<br>⑥一下肢が健側に比して10cm以上又は長さの1/10以上短いもの | ①一下肢の股関節又は膝関節の機能の著しい障害<br>②一下肢の足関節の機能を全廃したもの<br>③一下肢が健側に比して5cm以上又は長さの1/15以上短いもの | ①一下肢をリスフラン関節以上で欠くもの<br>②一下肢の足関節の機能の著しい障害 | ①両下肢のすべての指の機能の軽度の障害<br>②一下肢の機能の軽度の障害<br>③一下肢の股関節、膝関節又は足関節のうち、いずれか一関節の機能の軽度の障害<br>④一下肢のすべての指を欠くもの<br>⑤一下肢のすべての指の機能を欠くもの<br>⑥一下肢が健側に比して3cm以上又は長さの1/20以上短いもの |
| 体幹 | 体幹の機能障害により座っていることができないもの | ①体幹の機能障害により座位又は立位を保つことが困難なもの<br>②体幹の機能障害により立ち上がることが困難なもの | 体幹の機能障害により歩行が困難なもの | | 体幹の機能の著しい障害 | | |
| 乳幼児期以前の非進行性脳病変による運動機能障害 上肢機能 | 不随意運動・失調等により上肢を使用する日常生活動作がほとんど不可能なもの | 不随意運動・失調等により上肢を使用する日常生活動作が極度に制限されるもの | 不随意運動・失調等により上肢を使用する日常生活動作が著しく制限されるもの | 不随意運動・失調等により上肢を使用する日常生活動作が制限されるもの | 不随意運動・失調等による上肢の機能障害により社会での日常生活活動に支障があるもの | 不随意運動・失調等により上肢の機能の劣るもの | 上肢に不随意運動・失調等を有するもの |
| 乳幼児期以前の非進行性脳病変による運動機能障害 移動機能 | 不随意運動・失調等により歩行が不可能なもの | 不随意運動・失調等により歩行が極度に制限されるもの | 不随意運動・失調等により歩行が家庭内での日常生活活動に制限されるもの | 不随意運動・失調等により社会での日常生活活動が著しく制限されるもの | 不随意運動・失調等により社会での日常生活活動に支障があるもの | 不随意運動・失調等により移動機能の劣るもの | 下肢に不随意運動・失調等を有するもの |

《心臓・じん臓・呼吸器・ぼうこう・直腸・小腸・免疫の機能の障害》

| | 1級 | 2級 | 3級 | 4級 | 5級 | 6級 |
|---|---|---|---|---|---|---|
| 心臓 | 心臓の機能の障害により自己の身辺の日常生活活動が極度に制限されるもの | | 心臓の機能の障害により家庭内での日常生活活動が著しく制限されるもの | 心臓の機能の障害により社会での日常生活活動が著しく制限されるもの | | |
| じん臓 | じん臓の機能の障害により自己の身辺の日常生活活動が極度に制限されるもの | | じん臓の機能の障害により家庭内での日常生活活動が著しく制限されるもの | じん臓の機能の障害により社会での日常生活活動が著しく制限されるもの | | |
| 呼吸器 | 呼吸器の機能の障害により自己の身辺の日常生活活動が極度に制限されるもの | | 呼吸器の機能の障害により家庭内での日常生活活動が著しく制限されるもの | 呼吸器の機能の障害により社会での日常生活活動が著しく制限されるもの | | |
| ぼうこう又は直腸 | ぼうこう又は直腸の機能の障害により自己の身辺の日常生活活動が極度に制限されるもの | | ぼうこう又は直腸の機能の障害により家庭内での日常生活活動が著しく制限されるもの | ぼうこう又は直腸の機能の障害により社会での日常生活活動が著しく制限されるもの | | |
| 小腸 | 小腸の機能の障害により自己の身辺の日常生活活動が極度に制限されるもの | | 小腸の機能の障害により家庭内での日常生活活動が著しく制限されるもの | 小腸の機能の障害により社会での日常生活活動が著しく制限されるもの | | |
| 免疫 | ヒト免疫不全ウイルスによる免疫の機能の障害により日常生活がほとんど不可能なもの | ヒト免疫不全ウイルスによる免疫の機能の障害により日常生活が極度に制限されるもの | ヒト免疫不全ウイルスによる免疫の機能の障害により日常生活が著しく制限されるもの | ヒト免疫不全ウイルスによる免疫の機能の障害により社会での日常生活活動が著しく制限されるもの | | |

## 愛の手帳の障害程度判定基準表（東京都）

| | 1度（最重度） | 2度（重度） | 3度（中度） | 4度（軽度） |
|---|---|---|---|---|
| 知能測定値 | 知能指数およびそれに該当する指数がおおむね0〜19のもの | 知能指数およびそれに該当する指数がおおむね20〜34のもの | 知能指数およびそれに該当する指数がおおむね35〜49のもの | 知能指数およびそれに該当する指数がおおむね50〜75のもの |
| 知的能力 | 文字，数の理解力の全くないもの | 文字，数の理解力が僅少なもの | 表示をある程度理解し，簡単な加減ができるもの | ラジオ，新聞をある程度日常生活に利用できる。給料等の処理ができる |
| 職業能力 | 簡単な手伝いなどの作業も不可能なもの，とくに成人については，職業能力のないもの | 簡単な手伝いや使いは可能なもの，とくに成人については，庇護された環境のもとで，単純作業が可能なもの | 指導のもとに単純作業が可能なもの，とくに成人については，指導のもとに自分の労働により最低生活が可能なもの | 単純作業が可能なもの，とくに成人については，自分の労働により最低生活が可能なもの |
| 社会性 | 対人関係の理解の不能なもの，とくに成人について社会的生活の不能なもの | 集団的行動のほとんど不能なもの，とくに成人については，社会的生活の困難なもの | 対人関係の理解及び集団的行動がある程度可能なもの，とくに成人については，他人の理解のもとに従属的社会生活が可能なもの | 対人的関係大体よく集団的行動がおおむね可能なもの，とくに成人については，従属的な立場での社会的生活が可能なもの |
| 意志疎通 | 言語がほとんど不可能なもの | 言語がやや可能なもの | 言語が幼稚で文通の不可能なもの | 言語及び簡単な文通が可能なもの |
| 身体的健康 | 特別の治療，看護が必要なもの | 特別の保護が必要なもの | 特別の注意が必要なもの | 正常でとくに注意を要さないもの |
| 日常行動 | 日常行動に異常及び特異な性癖があるため特別の保護指導が必要なもの | 日常行動に異常があり，常時注意と指導が必要なもの | 日常生活に大した異常はないが時々指導が必要なもの | 日常生活に異常がなく，ほとんど指導を必要としないもの |
| 基本的生活 | 身辺生活の処理がほとんど不可能なもの | 身辺生活の処理が部分的にしか可能でないもの | 身辺生活の処理が大体可能なもの | 身辺生活の処理が可能なもの |

注）0〜6歳，7〜17歳の基準には若干の違いがある。
資料）東京都福祉保健局

# 第2章　障害者に関わる法体系

我が国の障害者福祉に関する主な法律は，身体障害者福祉法（1949年に公布1950年4月施行），精神薄弱者福祉法（1960年に公布同年施行　1998年に知的障害者福祉法へ改正），精神衛生法（1950年に公布同年施行　1995年に精神保健及び精神障害者福祉に関する法律に改正　以下本文中は，精神保健福祉法とする。），心身障害者対策基本法（1970年に公布同年施行　1997年に障害者基本法へ改正），発達障害者支援法（2004年公布2005年施行）等である。障害者基本法により，障害者福祉に関する理念が規定され，一方で身体障害者，知的障害者，精神障害者，発達障害者との障害の種別毎の法律により，障害者福祉が展開される特徴をもつ。

キーワード　**身体障害者，知的障害者，精神障害者，発達障害者**

## 1．障害者に関わる法

### (1)　障害者基本法（旧 心身障害者対策基本法）

#### 1）経　　緯

1970年に心身障害者対策基本法が公布された。これは，障害者に対する法律，政令，省令，条例等の法令が，この法律が示す目的や基本的理念に沿ったものでなければならないという点について規定された。障害者施策に関する基本的な事項を定めた法律である。大きな改正は，1993年及び2004年に行われ，現在の条文となっている。

1993年の改正により，障害者基本法へと名称が改められたこと，定義（第2条参照）に精神障害が加えられたことが特徴である。この時点で，精神障害者が身体障害者，知的障害者と同様に福祉の対象であると位置づけられた。しかし，基本的理念を示す法のため，具体的なサービスが定められたものではなく，精神障害者に対する福祉事業等の展開については，精神保健法から精神保健福祉法への改正を待たなければならなかった。また，障害者基本計画等（1993年

改正時第7条2,2004年改正第9条)に関する条文を根拠に,都道府県は都道府県障害者計画を,市町村は市町村障害者計画の策定が義務づけられた。

　2004年改正において,第1条の目的に「障害者の自立及び社会参加の支援等のための施策に関し,基本的理念を定め(略)」と障害者の「自立及び社会参加」に対する支援であることが明文化された。また,第3条3項において障害者差別の禁止についての条項が加えられた。成立当初(1970年)の法の目的には,「心身障害の発生の予防に関する施策及び医療,訓練,保護,教育,雇用の促進,年金の支給等の心身障害者の福祉に関する施策の基本となる事項を定め(略)」と規定されていたことから捉えると,障害に対するとらえ方の変化により目的も改められてきたことがわかる。障害者施策改正の趣旨(内閣府)は,以下の通りである。「最近の障害者を取り巻く社会経済情勢の変化等に対応し,障害者の自立と社会参加の一層の促進を図るため,基本的理念として障害者に対して障害を理由として差別その他の権利利益を侵害する行為をしてはならない旨を規定し,都道府県及び市町村に障害者のための施策に関する基本的な計画の策定を義務付け,中央障害者施策推進協議会を創設する等の改正を行うものとすること」と示された。

　**障害者基本法**が成立した年代から2000年までの動向の特徴を示すと,旧心身障害者対策基本法が制定された1970年には,中央心身障害者対策協議会発足,心身障害児家庭奉仕員派遣事業の開始,特殊法人国立コロニー設置の決定,通院患者リハビリテーション事業として東京都精神衛生職親制度が創設された。特に特殊法人国立コロニー設置については,北欧や欧米等の福祉施策が施設から地域へと舵をきった時期に,わが国は,施設中心とした政策を開始し,世界とは異なる障害者福祉の一歩を踏み出した。

　その後,1975年国連障害者の権利宣言,1981年に国際障害者年関連の事業の実施,1982年に障害者対策に関する長期計画が策定,1983年「国連障害者の十年」が開始(〜1992年)(第37回国連総会)された。引き続き1993年には障害者対策に関する新長期計画が策定され,アジア太平洋障害者の十年開始年(〜

> **障害者差別禁止法**
> 　障害のある人に対する差別の撤廃を規定した法律。1990年「障害のあるアメリカ人法（ADA法：American with Disability Act）」や1995年イギリスの「障害者差別禁止法（DDA：Disability Discrimination Act）」等がある。1993年の国連「障害のある人の機会均等化に関する標準規則」の「政府は，障害のある人の完全参加と平等という目的を達成するための措置の法的根拠を作成する義務がある」を受け，日本においても労働，教育や地域生活を営む権利の保障と障害を理由に拒絶されることなく，国や地方公共団体のみならず民間を含めた義務を課す法の制定への運動が進められている。
> 　　　　　（成清美治ほか編『現代社会福祉用語の基礎知識』学文社，2009年より）

2）障害者基本法（条文）[2]（昭和45年5月21日法律第84号）
　　最終改正年月日：平成16年6月4日法律第80号

---

（目的）
第1条　この法律は，障害者の自立及び社会参加の支援等のための施策に関し，基本的理念を定め，及び国，地方公共団体等の責務を明らかにするとともに，障害者の自立及び社会参加の支援等のための施策の基本となる事項を定めること等により，障害者の自立及び社会参加の支援等のための施策を総合的かつ計画的に推進し，もつて障害者の福祉を増進することを目的とする。
（定義）
第2条　この法律において「障害者」とは，身体障害，知的障害又は精神障害（以下「障害」と総称する。）があるため，継続的に日常生活又は社会生活に相当な制限を受ける者をいう。
（基本的理念）
第3条　すべて障害者は，個人の尊厳が重んぜられ，その尊厳にふさわしい生活を保障される権利を有する。
2　すべて障害者は，社会を構成する一員として社会，経済，文化その他あらゆる分野の活動に参加する機会が与えられる。
3　何人も，障害者に対して，障害を理由として，差別することその他の権利利益を侵害する行為をしてはならない。
（国及び地方公共団体の責務）第4条
（障害者週間）第7条
（障害者基本計画等）第9条

2002年)，国連障害者の機会均等化に関する基準規則採択（第48回国連総会）等，国際的に障害者に対する施策が展開された時期である。そして国連等政策，世界の動向の後を追うように，わが国の障害者に対する基本的な施策が整備されている。

## 2．障害者に関わる法律の体系

### (1) 身体障害者福祉法

#### 1）経　緯

日本国憲法に保障された基本的人権である，社会権保障，生存権保障により，**身体障害者**に対する社会福祉の法律として身体障害者福祉法が成立する。救貧対策から独立した障害者福祉に関する法律が成立した。成立時の条文は，第1条（法の目的）「この法律は，身体障害者の更生を援助し，その更生のために必要な保護を行い，もつて身体障害者の福祉を図ることを目的とする[3]」であり，「更生」に対する援助がその目的であった。現在は，下記に示すように法の目的は，「身体障害者の自立と社会経済活動への参加を促進するため（略）」と，その目的は「自立と社会経済活動への参加」と明記されている。

また，第2条（更生への努力）では「すべて身体障害者は，自ら進んでその障害を克服し，すみやかに社会経済活動に参与することができるように努めなければならない[4]」とされていたが，現行法では，「第2条　自立への努力及び機会の確保」とされ，第2項では「すべて**身体障害者**は，社会を構成する一員として社会，経済，文化その他あらゆる分野の活動に参加する機会を与えられるものとする」と明記され，単に障害者が，社会経済活動へ参加する努力をするということに留まらず，一方で社会活動への参加をする機会を整えることとあわせて明文化されている。

同法における身体障害者とは，第4条，第15条に基づき身体障害者手帳を取得している者である。施策の対象となるためには，都道府県知事から身体障害者手帳の交付を受ける必要がある。

> **障害者の権利宣言**
> 　1975年の国連総会で採択された身体障害者，知的障害者，精神障害者を含むすべての障害者の権利に関する宣言である。障害者の定義をはじめとする13の条項から構成されている。「同年齢の市民と同等の権利を有する」「可能な限り通常のかつ十分満たされた相当の生活を送ることができる権利を意味する」（第3項）等ノーマライゼーションの理念の文章化がある。その他，市民権，自立の権利，リハビリテーション，経済的・社会保障の権利の規定がある。
> 　　　　　　　　　　　　　　　　　　　　　　　（成清美治ほか編，2009年より）

2）身体障害者福祉法（条文）[5]（昭和24年12月26日法律第283号）
　　最終改正年月日：平成20年12月19日法律第93号

---

（法の目的）
第1条　この法律は，障害者自立支援法（平成17年法律第123号）と相まって，身体障害者の自立と社会経済活動への参加を促進するため，身体障害者を援助し，及び必要に応じて保護し，もつて身体障害者の福祉の増進を図ることを目的とする。
（自立への努力及び機会の確保）
第2条　すべて身体障害者は，自ら進んでその障害を克服し，その有する能力を活用することにより，社会経済活動に参加することができるように努めなければならない。
2　すべて身体障害者は，社会を構成する一員として社会，経済，文化その他あらゆる分野の活動に参加する機会を与えられるものとする。
（国，地方公共団体及び国民の責務）
第3条　国及び地方公共団体は，前条に規定する理念が実現されるように配慮して，身体障害者の自立と社会経済活動への参加を促進するための援助と必要な保護（以下「更生援護」という。）を総合的に実施するように努めなければならない。
2　国民は，社会連帯の理念に基づき，身体障害者がその障害を克服し，社会経済活動に参加しようとする努力に対し，協力するように努めなければならない。
（身体障害者）
第4条　この法律において，「身体障害者」とは，別表に掲げる身体上の障害がある18歳以上の者であつて，都道府県知事から身体障害者手帳の交付を受けたものをいう。
（身体障害者手帳）第15条

なお,「身体障害認定基準の取扱い(身体障害認定要領)の一部改正について」(平成21年12月24日　障企発1224第1号)により,「身体障害認定要領」に,「第11　肝臓機能障害」が追加され,2010年4月から身体障害者手帳の交付がなされるようになった。

(2)　知的障害者福祉法
1)　経　　緯

精神薄弱者福祉法(現 知的障害者福祉法)は,1960年に公布同年施行され,1998年に知的障害者福祉法へ改正された。同法の成立は,児童福祉法の精神薄弱児(知的障害児)対策による精神薄弱児施設での施設施策において,成長していく障害児が児童福祉法の年齢区分を超えた後に対応する目的が主とされる[6]。

児童福祉法(1947年公布)により「精神薄弱児施設」が位置づけられる。同年公布の教育基本法,学校教育法において養護学校,特殊学級が位置づけられる。1951年児童憲章が制定された。1952年精神薄弱児育成会(現 全日本手をつなぐ育成会)が結成され,第1回手をつなぐ親の会全国大会が開催された。1958(昭和33)年国立知的障害児施設(国立秩父学園)が設置された。その位置づけは,重度重複障害児の入所者の社会復帰の可能性が低いということからであった。1960(昭和35)年に精神薄弱者福祉法が公布され,精神薄弱者援護施設,精神薄弱者更生相談所の設置及び運営について,精神薄弱者職親委託制度,国際精神薄弱者育成会連盟が設立される。1961(昭和36)年に重症心身障害児施設(島田療育園)開設,1963(昭和38)年重症心身障害児施設が制度化,18歳以上の障害者を受け入れるために病院として位置づけられた。1966(昭和41)年に国立高崎コロニー建設が決定される。これらの対策により,我が国の障害児・者政策が,対象の年齢及び障害の種類毎に対応することとなる。そして入所施設推進政策が推し進められる。

1968(昭和43)年,精神薄弱者相談員設置要項,精神薄弱者援護施設基準が明らかにされ,通所の形態も認可されるようになった。1971(昭和46)年国立

コロニーのぞみ園開園，児童手当法施行（児童の養育者に支払われる手当），精神薄弱者通勤寮設置運営要項，精神薄弱児（者）施設入所者実態調査が実施される。

その後1977（昭和52）年には，精神薄弱者通所援護事業の実施，共同作業所全国連絡会が結成されるなど，施設政策から徐々にではあるが，在宅サービスへ移行を始める。1994（平成6）年，児童の権利に関する条約を批准する。

1998（平成10）年に精神薄弱者福祉法から現在の**知的障害者福祉法**へ改題される。知的障害者の定義は，本法による規定はない。精神保健福祉法第5条の定義では，「この法律で『精神障害者』とは，統合失調症，精神作用物質による急性中毒又はその依存症，知的障害，精神病質その他の精神疾患を有する者をいう」と規定される。いずれにしても客観的な基準による規定ではなく，支援の有無，程度により知的障害者に対する規定がなされている。

療育手帳制度は，療育手帳制度要綱（昭和48年9月27日付厚生省発児156号）に根拠を置き，各都道府県により実施をしている。これは厚生労働省からの通知文であり，身体障害者手帳，精神障害者保健福祉手帳とは異なり法的な根拠はもっていない。知的発達の遅れのある者に交付される。また各自治体で手帳の名称も異なる（例：東京都・横浜市は愛の手帳[7]，埼玉県はみどりの手帳[8]）。また，判定基準も異なる場合がある。

---

**知的障害者の権利宣言**
　1971年に第26回国連総会で採択された，知的障害者の権利を擁護する宣言。「知的障害者は，実際上可能な限りにおいて，他の人間と同等の権利を有する」と明記され，知的障害者が権利の主体者であることが国際的に確認された。医学的管理・教育・訓練・リハビリテーションおよび指導をうける権利，経済的保障および相当な生活水準を享有する権利，家族と同居し社会参加する権利，後見人を与えられる権利，搾取・乱用・虐待から保護される権利等が規定され，加盟国には，知的障害者の権利保障に向けた国内的・国際的行動が求められている。

（成清美治ほか編，2009年より）

2）知的障害者福祉法（条文）（昭和35年3月31日法律第37号）
最終改正年月日：平成19年12月5日法律第125号

> （この法律の目的）
> 第1条　この法律は，障害者自立支援法（平成17年法律第123号）と相まって，知的障害者の自立と社会経済活動への参加を促進するため，知的障害者を援助するとともに必要な保護を行い，もつて知的障害者の福祉を図ることを目的とする。
> （自立への努力及び機会の確保）
> 第1条の2　すべての**知的障害者**は，その有する能力を活用することにより，進んで社会経済活動に参加するよう努めなければならない。
> 2　すべての知的障害者は，社会を構成する一員として，社会，経済，文化その他あらゆる分野の活動に参加する機会を与えられるものとする。
> （国，地方公共団体及び国民の責務）
> 第2条　国及び地方公共団体は，前条に規定する理念が実現されるように配慮して，知的障害者の福祉について国民の理解を深めるとともに，知的障害者の自立と社会経済活動への参加を促進するための援助と必要な保護（以下「更生援護」という。）の実施に努めなければならない。
> 2　国民は，知的障害者の福祉について理解を深めるとともに，社会連帯の理念に基づき，知的障害者が社会経済活動に参加しようとする努力に対し，協力するように努めなければならない。

(3)　精神保健及び精神障害者福祉に関する法律（精神保健福祉法）

1）経　　緯

　戦後，精神障害者に対する法律は，1950（昭和25）年に「精神病者監護法」，「精神病院法」が廃止され「精神衛生法」が制定された。医療の対象としての法律である。成立時の法目的は，①精神障害者の医療・保護とその発生予防により，国民の精神的健康の保持・増進，②都道府県に精神病院の設置を義務づけることである。さらに，精神衛生相談所，精神衛生鑑定医制度を設ける一方で一般人や警察官などからの通報制度を導入し，自傷他害のおそれのある精神障害者の措置入院の制度を設けたことが特徴である。さらに，保護義務者（現在の保護者）の制度として保護義務者の同意による同意入院の制度が設けら

れた。この法律によって，すべての精神障害者は医療の対象として医療機関で治療を受けることになった。

　法の見直しは，1965年に行われた。主な特徴は，① 地域における精神保健行政の第一線機関として保健所を位置づけ精神衛生相談員を配置できること，在宅の精神障害者の訪問指導，相談事業を強化，② 各都道府県の精神保健に関する技術的中核機関として精神衛生センター（現在の精神保健福祉センター）を設置，③ 医療保護の充実を図るために，病院管理者による届け出制度，緊急措置入院制度，入院措置の解除規定，守秘義務規定等が加えられた。また，翌年1966年から精神障害者通院医療費公費負担制度が実施された（2006年4月，障害者自立支援法の施行によって廃止）。

　「精神保健法」改正の契機は，1984年3月の栃木県宇都宮病院事件による。さらに1983〜1992年までを国連・障害者の10年として各国に具体的な障害者対策を進めるように推奨された。これらの背景により「精神衛生法」の改正が行われた。1987年，精神障害者等の人権などを配慮した適正な医療・保健の確保，精神障害者の社会復帰の促進，国民の精神的健康の保持・向上を趣旨として「精神衛生法」等の改正が行われ，「精神保健法」として1988年7月1日より施行された。

　この改正の主な内容は，① 精神障害者本人の同意に基づく任意入院制度，② 入院時等における書面による権利等の告知制度，③ 入院の必要性や処遇の妥当性を審査する精神医療審査会制度，④ 精神科救急に対応するための応急入院制度，⑤ 入院医療が終了した精神障害者の社会復帰の促進を図るために，⑥ 精神障害者社会復帰施設に関する規定が設けられたこと等である。1993年には，精神障害者の定義を改め，精神分裂病，中毒性精神病，精神薄弱，精神病質その他の精神疾患を有する者として，① 精神障害者の社会復帰の促進，② 精神障害者の適正な医療及び保護の実施などの趣旨により，精神保健法の一部改正が行われた。これにより ① グループホームの法定化，② 精神障害者社会復帰促進センターの創設，③ 仮入院の期間の短縮，④ 大都市特例による

指定都市への事務移譲，調理師など，資格制度上の欠格事項の見直しなどが行われた。

1993年12月には，心身障害者対策基本法が改正されて障害者基本法が成立，**精神障害者**が，身体障害者・精神薄弱者とならんで基本法の対象として明記され，福祉の対象でもあることとされ，国・都道府県と市町村は，障害者計画を定めて施策の総合推進を図ることとされた。また，1994年には，保健所法が地域保健法へと改正され，地域保健対策推進の枠組みが改められ，精神障害者についても，社会復帰施策のうち身近な利用頻度の高いサービスは，市町村が保健所の協力のもとに実施することが望ましいとされるようになった。

これらの法律の改正を踏まえて，精神障害者の社会復帰の促進および地域精神保健の施策の充実を図るために1995年5月に，精神保健法が改正され，精神保健及び精神障害者福祉に関する法律が制定され，保健・福祉の統合化への施策の展開がなされるようになった。

---

**精神保健福祉センター**
　都道府県は，精神保健の向上及び精神障害者の福祉の増進を図るため，精神保健福祉センターを設置している。精神保健福祉センターの役割は，精神保健及び精神障害者に関する福祉に関し，知識の普及を図り，調査研究を行い，並びに相談及び指導のうち複雑または困難なものを行う。入院施設，デイケア，社会復帰施設を併設する精神保健福祉に関する総合技術センターとしての機能をもっているところもある。
　　　　　　　　　　　　　　　　　　　　　　　　　　（成清美治ほか編，2009年より）

---

2）精神保健及び精神障害者福祉に関する法律（条文[10]）
　　（昭和25年5月1日法律第123号）
　　最終改正年月日：平成18年6月23日法律第94号

（この法律の目的）
第1条　この法律は，精神障害者の医療及び保護を行い，障害者自立支援法（平成17年法律第123号）と相まってその社会復帰の促進及びその自立と社会経済活動への参加の促進のために必要な援助を行い，並びにその発生の予防その他国民の精神的健康の保持及び増進に努めることによつて，精神障害者の福祉

の増進及び国民の精神保健の向上を図ることを目的とする。
（国及び地方公共団体の義務）
第2条　国及び地方公共団体は，障害者自立支援法の規定による自立支援給付及び地域生活支援事業と相まって，医療施設及び教育施設を充実する等精神障害者の医療及び保護並びに保健及び福祉に関する施策を総合的に実施することによって精神障害者が社会復帰をし，自立と社会経済活動への参加をすることができるように努力するとともに，精神保健に関する調査研究の推進及び知識の普及を図る等精神障害者の発生の予防その他国民の精神保健の向上のための施策を講じなければならない。
（定義）
第5条　この法律で「精神障害者」とは，統合失調症，精神作用物質による急性中毒又はその依存症，知的障害，精神病質その他の精神疾患を有する者をいう。

（精神保健福祉センター）第6条—第8条
（地方精神保健福祉審議会及び精神医療審査会）第9条—第17条
（精神保健指定医）第18条—第19条の6
（保護者）第20条—第22条の2
（任意入院）第22条の3・第22条の4
（指定医の診察及び措置入院）第23条—第32条
（医療保護入院等）第33条—第35条
（精神障害者保健福祉手帳）第45条・第45条の2
（相談指導等）第46条—第51条

## (4) 発達障害者支援法

### 1) 経　緯

同法が成立以前の課題として，発達障害に対して① 人口に占める割合は高いにもかかわらず，法制度もなく，制度の谷間になっており，従来の施策では十分な対応がなされていない，② 発達障害に関する専門家は少なく，地域における関係者の連携も不十分で支援体制が整っていない，③ 家族は，地域での支援がなく大きな不安を抱えている等の現状があったため[11]，従来からの障害者関連法では対応が難しかった。そこで，**発達障害**の定義を法的に明確にし，発達障害がある人に対して各ライフステージに対応する，保健，医療，福祉，

教育，雇用等の分野を超えた一貫した一体的な支援を行う体制を整備するため，「発達障害者支援法」が2004年12月に成立し，2005年4月から施行された。[12]

本法の特徴は，① **発達障害** の定義がされたこと，② ライフステージを通した一貫した支援，③ 関係機関の連携，④ 発達障害者支援センター等の設置により，発達障害の早期発見，発達支援，就労支援等を行うこと，関係機関等に対しての情報提供および研修の実施等，⑤ 発達障害の理解の促進，⑥ 専門家の養成等である。取り組みとしては，① 発達障害者支援センターを通しての取り組み，② 民間団体との協力，③ 自治体での多様な取り組みが発達障害の早期発見，発達支援，就労支援等の施策としてあげられる。

2）学校教育における支援に関して

発達障害者支援法の成立により，学校教育法施行規則の一部改正等について（通知）（17文科初第1177号）により，学校教育法施行規則の一部改正等（平成18年文部科学省令第22号）（2006年4月1日）が公布され，LD及びADHDを対象とした通級による指導を可能とし，自閉症についても情緒障害から独立して実施できることとなった。学校教育法の一部改正（2007年4月）により，幼稚園，小・中学校，高等学校及び中等教育学校において，発達障害を含む幼児児童生徒に対する特別支援教育を推進することが法律上明確に規定された。「経済財政改革の基本方針2008」（平成20年6月閣議決定）等においても，発達障害のある子どもへの支援について明確に盛り込まれた。[13] 具体的な対象の規定は，以下の通り改正された。

---

**発達障害（developmental disorders）**

発達期にさまざまな原因が作用して，中枢神経系に障害が生じる結果，認知・運動・社会性などの機能の獲得が妨げられることである。具体的には知的障害，広汎性発達障害（自閉症など），特異性の発達障害（学習障害など）などがあげられる。障害種別は異なるものの，これらの間には対応や処遇，あるいは生活上の援助などで共通する部分も多い。また明確な区別が行いにくい場合や，いくつかの障害が重なり合っている場合もある。おのおのの個別性と共通性についての認識が大切である。

（成清美治ほか編，2009年より）

> 〔現　行〕
> 　第1号　言語障害者
> 　第2号　情緒障害者
> 　　　　　自閉症　等
> 　　　　　選択性かん黙等
> 　第3号　弱視者
> 　第4号　難聴者
> 　第5号　その他心身に故障のある者で，本項の規定により特別の教育課程による教育を行うことが適当な者
> 〔改　正〕
> 　第1号　言語障害者
> 　第2号　自閉症者
> 　第3号　情緒障害者
> 　　　　　選択性かん黙等
> 　第4号　弱視者
> 　第5号　難聴者
> 　第6号　学習障害者
> 　第7号　注意欠陥多動性障害者
> 　第8号　その他心身に故障のある者で，本項の規定により特別の教育課程による教育を行うことが適当な者

3）発達障害者支援センターは，旧・自閉症・発達障害支援センター運営事業（平成14年9月10日障発第0910001号　厚生労働省社会・援護局障害保健福祉部長通知）により実施されてきたものが，本法により指定をうけて発達障害者支援センターとして事業を実施することになる。[14]

4）学校教育法施行規則の一部を改正する省令について（概要）[15]

改正の主旨

　小中学校の通常の学級においては，LD（学習障害）・ADHD（注意欠陥多動性障害）等により学習や行動の面で特別な教育的支援を必要としている児童生徒が約6パーセントの割合で在籍している可能性が示されている。今般，小中学校等の通常の学級に在籍するLD・ADHDの児童生徒を通級による指導＊の対象とすること等により，障害のある児童生徒に対する教育の充実を図る。

\* 「通級による指導」とは，小中学校等の通常の学級に在籍する比較的軽度の障害のある児童生徒に対し，その障害の状態に応じ，週に1～8回程行われる特別の指導を指す。現在，38,738名の児童生徒が利用している（平成17年5月1日現在）。

5) 学校教育法施行規則の一部を改正する省令要綱[16]（文部科学省令第22号）により，平成18年4月1日から学校教育法施行規則（昭和22年文部省令第11号）に学習障害者，注意欠陥多動性障害者，自閉症者が加えられた。

6) 発達障害者支援法のねらい[17]

この法律のねらいは，①発達障害の定義と法的な位置づけの確立，②乳幼児期から成人期までの地域における一貫した支援の促進，③専門家の確保と関係者の緊密な連携の確保，④子育てに対する国民の不安の軽減である。

7) 発達障害者支援法（条文）[18]（平成16年12月10日法律第167号）
　　最終改正年月日：平成20年12月26日法律第96号

---

（目的）
第1条　この法律は，発達障害者の心理機能の適正な発達及び円滑な社会生活の促進のために発達障害の症状の発現後できるだけ早期に発達支援を行うことが特に重要であることにかんがみ，発達障害を早期に発見し，発達支援を行うことに関する国及び地方公共団体の責務を明らかにするとともに，学校教育における発達障害者への支援，発達障害者の就労の支援，発達障害者支援センターの指定等について定めることにより，発達障害者の自立及び社会参加に資するようその生活全般にわたる支援を図り，もってその福祉の増進に寄与することを目的とする。

（定義）
第2条　この法律において「発達障害」とは，自閉症，アスペルガー症候群その他の広汎性発達障害，学習障害，注意欠陥多動性障害その他これに類する脳機能の障害であってその症状が通常低年齢において発現するものとして政令で定めるものをいう。

2　この法律において「発達障害者」とは，発達障害を有するために日常生活又は社会生活に制限を受ける者をいい，「発達障害児」とは，発達障害者のうち十八歳未満のものをいう。

3　この法律において「発達支援」とは，発達障害者に対し，その心理機能の適正な発達を支援し，及び円滑な社会生活を促進するため行う発達障害の特性に

対応した医療的，福祉的及び教育的援助をいう。
(国及び地方公共団体の責務)
第3条　国及び地方公共団体は，発達障害者の心理機能の適正な発達及び円滑な社会生活の促進のために発達障害の症状の発現後できるだけ早期に発達支援を行うことが特に重要であることにかんがみ，発達障害の早期発見のため必要な措置を講じるものとする。
　2項以下（略）
(児童の発達障害の早期発見等) 第5条
(早期の発達支援) 第6条
(保育) 第7条
(教育) 第8条
(放課後児童健全育成事業の利用) 第9条
(就労の支援) 第10条
(地域での生活支援) 第11条
(権利擁護) 第12条
(発達障害者の家族への支援) 第13条

注）
1) 内閣府「障害者施策」(http://www8.cao.go.jp/shougai/suishin/kihonhou/kaisei.html　2010年6月20日閲覧)
2) 障害者基本法の条文について，下記から引用をした。
衆議院「心身障害者対策基本法の一部を改正する法律（衆法）法律第94号（平5.12.3)」(http://www.shugiin.go.jp/itdb_housei.nsf/html/houritsu/12819931203094.htm?OpenDocument　2010年6月20日閲覧)
衆議院「障害者基本法の一部を改正する法律　法律第80号（平16.6.4)」(http://www.shugiin.go.jp/itdb_housei.nsf/html/housei/15920040604080.htm?OpenDocument　2010年6月20日閲覧)
衆議院「心身障害者対策基本法　法律第84号（昭45.5.21)」(http://www.shugiin.go.jp/itdb_housei.nsf/html/houritsu/06319700521084.htm?OpenDocument　2010年6月20日閲覧)
内閣府「障害者施策」（注1）に同じ)
3) 衆議院「身体障害者福祉法　法律第283号（昭24.12.26)」(http://www.shugiin.go.jp/itdb_housei.nsf/html/houritsu/00619491226283.htm?OpenDocument。2010年6月20日閲覧)

4）同上
5）身体障害者福祉法の条文について下記から引用をした。
    衆議院「身体障害者福祉法」（注3）に同じ）
    総務省 e-Gov「法令用語検索」
    （http://law.e-gov.go.jp/cgi-bin/strsearch.cgi　2010年6月20日閲覧）
6）社会福祉士養成講座編集委員会編『新・社会福祉士養成講座14　障害者に対する支援と障害者自立支援制度（第2版）』中央法規，2010年，41ページ
7）東京都福祉保健局（http://www.fukushihoken.metro.tokyo.jp/shinsho/faq/techo_qa/qa/index.html　2010年6月20日閲覧）
    横浜市健康福祉局障害福祉部
    （http://www.city.yokohama.jp/me/kenkou/shogai/　2010年6月20日閲覧）
8）埼玉県みどりの手帳（療育手帳）とは（http://www.pref.saitama.lg.jp/site/chitekikousei/green-techou.html　2010年6月20日閲覧）
9）衆議院「精神薄弱者福祉法　法律第37号（昭35.3.31）」
    （http://www.shugiin.go.jp/itdb_housei.nsf/html/houritsu/03419600331037.htm?OpenDocument　2010年6月20日閲覧）
    総務省 e-Gov「法令用語検索」
    （http://law.e-gov.go.jp/cgi-bin/strsearch.cgi　2010年6月20日閲覧）
10）衆議院「精神衛生法　法律第123号（昭25.5.1）」
    （http://www.shugiin.go.jp/itdb_housei.nsf/html/houritsu/00719500501123.htm?OpenDocument　2010年6月20日閲覧）
    衆議院「精神保健法の一部を改正する法律　法律第94号（平7.5.19）」
    （http://www.shugiin.go.jp/itdb_housei.nsf/html/houritsu/13219950519094.htm?OpenDocument　2010年6月20日閲覧）
    衆議院「精神衛生法等の一部を改正する法律　法律第98号（昭62.9.26）」
    （http://www.shugiin.go.jp/itdb_housei.nsf/html/houritsu/10919870926098.htm?OpenDocument　2010年6月20日閲覧）
    総務省 e-Gov「法令用語検索」（注9）に同じ）
11）厚生労働省「発達障害者支援施策について」（http://www.mhlw.go.jp/topics/2005/04/tp0412-1.html　2010年5月20日閲覧）
12）内閣府編『障害者白書（平成21年度版）』日経印刷，2009年，3ページ
13）同上書，44ページ
14）厚生労働省「発達障害者支援法の施行について」

   　(http://www.mhlw.go.jp/topics/2005/04/tp0412-1e.html)
15）文部科学省「学校教育法施行規則の一部を改正する省令要綱」
   （http://www.mext.go.jp/b_menu/hakusho/nc/06050814/001.htm　2010年5月20日閲覧）
16）同上
17）厚生労働省「発達障害の現状と支援法について」(http://www.mhlw.go.jp/topics/2005/04/dl/tp0412-1a.pdf　2010年6月20日閲覧）
18）衆議院「発達障害者支援法　法律第167号（平16.12.10)」
   （http://www.shugiin.go.jp/itdb_housei.nsf/html/housei/16120041210167.htm?OpenDocument　2010年6月20日閲覧）
   総務省 e-Gov「法令用語検索」（注9）に同じ

## 参考文献

厚生統計協会『国民の福祉の動向（2009）』厚生統計協会，2009年
内閣府編『障害者白書（平成21年版）』日経印刷，2009年
精神保健福祉研究会監修『我が国の精神保健福祉（平成22年度版）』
小澤温編『よくわかる障害者福祉（第4版）』ミネルヴァ書房，2008年
佐藤久夫・小澤温『障害者福祉の世界（第4版）』有斐閣，2010年
社会福祉士養成講座編集委員会編『新・社会福祉士養成講座14　障害者に対する支援と障害者自立支援制度—障害者福祉論（第2版）』中央法規，2010年
ドナ・ウィリアムズ著，川手鷹彦訳『自閉症という体験—失われた感覚を持つひとと』誠信書房，2009年
三浦文夫『社会福祉政策研究—福祉政策と福祉改革（増補改訂）』全国社会福祉協議会，1995年
成清美冶ほか編『現代社会福祉用語の基礎知識（第9版）』学文社，2009年

=================◆読者のための参考図書◆=================

厚生統計協会『国民の福祉の動向（2009）』厚生統計協会，2009年
　わが国の社会福祉の動向を知るために必要な一冊である。

内閣府編『障害者白書（平成21年版）』日経印刷，2009年
　わが国の障害者福祉の動向を知るために必要な一冊である。

精神保健福祉研究会監修『我が国の精神保健福祉（平成22年度版）』太陽美術，2010年
　わが国の精神保健福祉の動向を知るために必要な一冊である。

小澤温編『よくわかる障害者福祉（第4版）』ミネルヴァ書房，2008年
　障害者福祉に関連するアジェンダに焦点をあて説明がされているので，従来からのいわゆるテキストと異なり，このテキストを基に各自の課題を深めることができる一冊である。

佐藤久夫・小澤温『障害者福祉の世界（第4版）』有斐閣，2010年
　障害者福祉に関する歴史，思想，制度，支援等を概観する上でわかりやすいテキストの一冊である。

社会福祉士養成講座編集委員会編『新・社会福祉士養成講座14　障害者に対する支援と障害者自立支援制度―障害者福祉論（第2版）』中央法規，2010年
　平成21年度より導入された社会福祉士養成カリキュラムに対応したテキスト

ドナ・ウィリアムズ著，川手鷹彦訳『自閉症という体験―失われた感覚を持つ人びと』誠信書房，2009年
　自閉症者の内的世界を理解するための書籍の一冊。発達障害のなかの自閉症の理解，さらに差別や偏見といったことを考える上での好著である。

三浦文夫『社会福祉政策研究―福祉政策と福祉改革（増補改訂）』全国社会福祉協議会，1995年
　戦後，わが国の社会福祉政策を学習する上で必読書である。残念ながら，現在は入手不可。

◇　演習課題
① あなたが住む自治体の障害者基本計画について調べてみよう。
② 発達障害の概念について調べてみよう。

### 考えてみよう

① 障害者差別の事例をあげ，どのようにすれば差別をなくすことができるか話しあってみよう。
② 障害者自立支援法の問題点から，障害者の「自立」について再考してみよう。
③ 専門性とパターナリズムから支援について再考してみよう。

# 第3章　障害者自立支援制度

　わが国の障害者福祉制度は，障害種別に整備されてきた経緯がある。第二次世界大戦後からしばらくの間，特に重視されたのはリハビリテーションである。その結果，中軽度の身体障害者施策が優先され，重度の身体障害者や知的障害者のための施策については遅れることとなった。また，精神障害者に関しては保健医療面での施策が中心であり，精神障害者が福祉施策の対象とされるようになったのは1993年のことでしかない。

　一方，1981年の国際障害者年を契機に，ノーマライゼーション理念が普及していった。その過程でリハビリテーションによるADL（日常生活動作）の獲得だけでなく，ノーマライゼーションによるQOL（生活の質）の保障が重要であることが認識されるようになっていった。

　これらの流れを受け，障害者福祉の新たな制度として障害者自立支援制度が制度化された。しかし，制度化以前からさまざまな議論や反対運動が行われた経緯もある。これからの障害者福祉制度を考えるためにも，障害者自立支援制度の基本的な枠組みを理解してほしい。

**キーワード**　ノーマライゼーション，障害福祉サービス，定率負担，自立支援給付，地域生活支援事業，障害程度区分

## 1．障害者自立支援法の基本理念

### (1) 支援費制度から障害者自立支援法へ

　一連の社会福祉基礎構造改革をうけ，障害者福祉においても，身体障害児・者および知的障害児・者に対する福祉サービスに関して，2003年4月より支援費制度が導入された。ただし，精神障害者に対する福祉サービスは支援費制度の対象とはされなかった。

　支援費制度においては，利用する障害福祉サービスを障害のある人自身が自らの選択により決定することとなった。この点に関してはそれまでの措置制度から大きく変更されたといえる。一方で，障害福祉サービスの利用に要した費

用の負担方式については，措置制度と同様，応能負担の方式が用いられていた。

　結果として，障害福祉サービスを自由に選択できるようになったことで，ホームヘルプサービスを中心とする居宅サービスの利用が急増することとなった。

　この居宅サービス利用の急増に伴い，財源問題が表面化してくることとなった。居宅サービスに関する費用についてはその2分の1を国が補助することとなっていたが，義務として負担する施設関連サービスとは異なり，法律上の義務規定がないものであった。そのため，予算の不足により，サービス利用が制限されかねない状況が生み出されることとなった。

　この結果，一部の自治体等では障害福祉サービス提供体制が向上したが，同時に，障害福祉サービス提供体制の自治体間格差が生じることとなった。

　たとえば，2003（平成15）年4月における支援費支給決定者数には地域間で7.8倍の差があった（市町村からの報告をもとにした都道府県間比較）。また，身体障害者ホームヘルプの利用者数については5.5倍の差であったが，知的障害者ホームヘルプの利用者数になるとその差は23.7倍，障害児ホームヘルプの利用者数の差にいたっては44.4倍であった。なお，支援費制度に含まれない精神障害者ホームヘルプの利用者数においても11.6倍の地域差がみられた。

(2) 改革のポイント

　障害者自立支援法は，障害福祉制度の変遷にともなって生じた問題点を5つの点から改革しようとした（図表3-1）。

　ノーマライゼーションやバリアフリーといった理念が浸透してきたこともあ

---

**応能負担**
　福祉サービスを利用した人の収入，つまり負担能力に応じて自己負担額を決定する方式のこと。そのため，利用者の収入が異なれば，同一のサービスを利用した場合であっても自己負担額が異なることがある。

**図表 3-1　障害者自立支援法による改革の狙い**

① 障害福祉サービスの「一元化」
② 障害者に対する「就労支援」の抜本的強化
③ 社会資源活用のための「規制緩和」
④ 利用の手続きや基準の「透明化，明確化」
⑤ サービスに必要な費用の「公平な負担」と「財政責任の明確化」

出所）馬場茂樹・和田光一編著『現代社会福祉のすすめ（改訂版）』学文社，2009年，160ページ

り，障害者に対するサービスは，基本的な住民サービスのひとつと考えられるようになってきた。ところが，障害者福祉の実施主体は，身体障害者や知的障害者に関しては市町村，障害児や精神障害者に対する施設サービスなどに関しては都道府県であるなど，実施主体が市町村と都道府県に分かれており，利用者にとってわかりづらく不便なものであった。

加えて，障害者福祉は，類似の施策であっても，身体障害，知的障害，精神障害といった障害種別に施策が講じられてきたため，サービス体系が複雑でわかりにくく，そのためにサービスの利用がしにくい面があった。さらに，重複障害や難病など，制度の谷間に落ち込んでしまい，サービスが利用できないという問題も生じてきた。

そこで，障害者福祉制度を利用者本位のものとするために，障害者に対する福祉サービスの提供に関する事務を市町村に一元化し，市町村を国と都道府県がサポートする体制の構築が目指された。そして，障害種別に実施されていた

---

ノーマライゼーション→第1章 p.19を参照

---

**バリアフリー**
　社会福祉の基本理念のなかでも最も一般に普及した基本理念のひとつ。ただし，段差をなくすといった物理的なバリアフリーにとどまらず，制度や文化・情報，人々のこころ（意識）についてのバリアフリーも重要。さまざまな偏りによる弊害を少なくしていくこと。

各種福祉サービスについても、身体障害や知的障害、精神障害という障害種別を超えてサービスを提供できるように一元化されることとなった。

また、「障害者施策の基本理念である**ノーマライゼーション**の実現のためには、職業を通じた社会参加は基本となる」（『障害者白書（平成21年版）』）ものである。障害のある人の就労については、雇用率の着実な高まりなど一定の成果はあげられつつあるが、特別支援学校卒業生の半数以上が福祉施設に入所したり、就労を理由とする施設退所者がほとんどいなかったりするなど改善を要する点もまた多い。

そこで、障害者のある人の社会参加をなお一層充実させるために、雇用施策との連携強化や就労支援の抜本強化のための対策がとられることとなった。

また、障害者の地域生活が充実するためには、日中における活動拠点の整備が重要である。そこで、従来は行政と社会福祉法人に限られていた通所施設（授産施設、更生施設など）の運営主体を、NPO法人など社会福祉法人以外の法人でも実施できるように規制が緩和された。あわせて、市町村が地域の実情に応じて障害者福祉に取り組み、障害者が身近なところでサービスが利用できるようにするために、既存の社会資源（空き教室や空き店舗等）の活用についても規制緩和が行われた。

「障害福祉サービスは、各自治体において提供体制が様々であり、地域によって大きな格差が生じていた」（『国民の福祉の動向』2008年）。その原因のひとつは、支援の必要度を判定する客観的基準となるような全国共通の利用ルールがないことである。そして、結果的に支給決定の過程も不透明となりがちであった。

---

**特別支援学校**
　特殊教育諸学校（盲学校、ろう学校、養護学校）を障害種別を超えて一本化した学校。児童生徒等の障害の重複化に対応し、弾力的で適切な教育の実施を目的とする。

そこで，支援の必要度に関する客観的な尺度（障害程度区分）を導入することで，支援の必要度合いに応じてサービスが公平に利用できるよう，利用に関する手続きや基準が透明化，明確化された。

　また，地方公共団体には，国が策定した基本的な指針に基づいて，必要なサービス量とそれを確保するための方策等を障害福祉計画として策定することが義務づけられた。これは，計画的に総合的なサービス提供体制を構築することが求められているためである。

　支援費制度が導入されたことで新規利用者が急増したが，その傾向は変わらないことが見込まれていた。そして，急増するサービスに対する費用の一部を国が補助するという費用負担の仕組みが不確実であったことは，障害者福祉制度の安定性や継続性に対する大きな不安となった。

　そこで，全国一律に実施する必要のある共通サービスに関しては，その費用の一部を国や都道府県が義務的に負担する仕組みが導入された。また，増大するサービス費用を皆で負担し合うために，利用者も利用したサービス量と所得に応じて原則として費用の1割を負担する仕組みが導入された。

(3)　**障害者自立支援法の基本的枠組み**

　障害者自立支援法は，障害種別によって異なっていた障害福祉サービスの一元化とともに，サービス体系の再編も行った（図表3-2）。言い換えれば，それまでのように，目的とする機能ごとに「施設」を設置するのではなく，介護や就労への支援といった機能ごとにサービスを区分していったのである。

　これらのサービスのうち，全国一律の基準により運用することが必要なサービスに要する費用については，**自立支援給付**として位置づけられた。このうち，介護給付費と訓練等給付費が支給されるサービスに関しては**障害福祉サービス**と呼ばれる。従来の身体障害者更生援護施設や知的障害者援護施設，精神障害者社会復帰施設は新たに障害者支援施設として再編成された。ただし，身体障害者更生援護施設のうち，「身体障害者福祉センター，補装具製作施設，盲導

**図表 3-2　障害者自立支援法の概要**

（総合的な自立支援システムの構築）

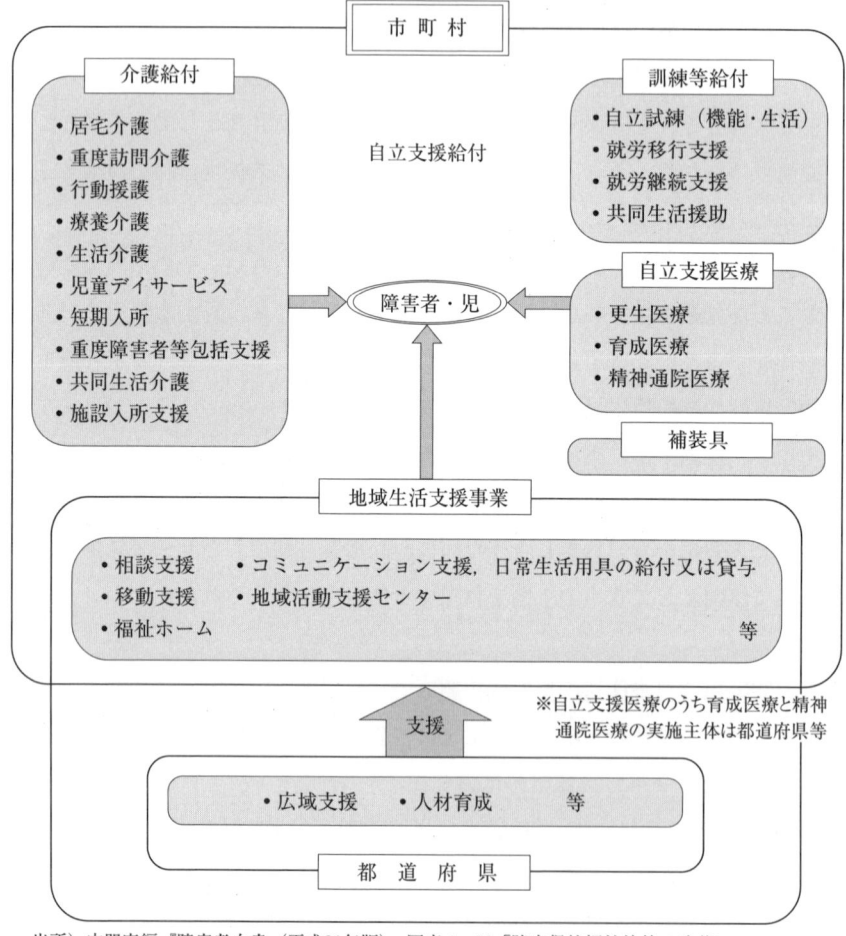

```
                          ┌─市 町 村─┐
                          
┌介護給付┐                  自立支援給付           ┌訓練等給付┐
・居宅介護                                         ・自立訓練（機能・生活）
・重度訪問介護                                      ・就労移行支援
・行動援護                                         ・就労継続支援
・療養介護                                         ・共同生活援助
・生活介護                    ┌─────┐             
・児童デイサービス            → 障害者・児 ←        ┌自立支援医療┐
・短期入所                    └─────┘             ・更生医療
・重度障害者等包括支援                                ・育成医療
・共同生活介護                                      ・精神通院医療
・施設入所支援                                      
                                                 ┌補装具┐
                       
                     ┌─地域生活支援事業─┐
                     ・相談支援　・コミュニケーション支援，日常生活用具の給付又は貸与
                     ・移動支援　・地域活動支援センター
                     ・福祉ホーム                                    等
                     
                          ↑ 支援
                                    ※自立支援医療のうち育成医療と精神
                                      通院医療の実施主体は都道府県等
                     ・広域支援　・人材育成　　等
                          ┌─都 道 府 県─┐
```

出所）内閣府編『障害者白書（平成21年版）』図表1-30「障害保健福祉施策の改革について」

犬訓練施設および視聴覚障害者情報提供施設」については，身体障害者福祉法に基づく身体障害者社会参加支援施設として再編成された。

　一方で，それぞれの地域の社会資源の状況や地理的条件，利用者の状況に応じて柔軟に実施した方が効率的・効果的であるとされている事業については，

地域生活支援事業として再編成された。

なお，障害者自立支援制度に基づく障害福祉サービス等を提供できるのは，都道府県知事が，厚生労働省令で定める基準に基づいて指定した事業者のみである。特に，第1種社会福祉事業である障害者支援施設を経営できるのは，原則として国や地方公共団体，社会福祉法人であるが，それ以外の障害福祉サービス等に関しては，法人格があれば，特定非営利活動法人（NPO法人）や株式会社も指定を受けるための申請をすることができる。

また，事業者によって提供される障害福祉サービス等は，日中活動を支援するためのサービスと夜間の居住を支援するためのサービスに分けられてもいる。これにより，障害者支援施設の入所者が，異なる事業者による日中サービスを選択・利用できるようになっている。

1）自立支援給付

障害者自立支援制度の中心となるのが，**自立支援給付**である。

自立支援給付として給付されるのは，「介護給付費（特例介護給付費），訓練等給付費（特例訓練等給付費），サービス利用計画作成費，高額障害福祉サービス費，特定障害者特別給付費（特例特定障害者特別給付費），自立支援医療費，療養介護医療費（基準該当療養介護医療費），補装具費」である。

また，自立支援給付に相当する給付が他の法令により行われる場合には，政令で定める限度において給付の調整が行われる。

2）地域生活支援事業

障害者自立支援法は，地域の特性や利用者の状況に応じて柔軟に実施することが，事業の効率的かつ効果的な実施に必要な各種の事業を市町村地域生活支援事業および都道府県地域生活支援事業と位置づけた（図表3-3）。

自立支援給付においては，国が基本的な基準を定めているが，**地域生活支援事業**においては，具体的なサービスの内容や利用手続き，費用等は事業を実施する市町村や都道府県が，それぞれの地域の実情に応じて定めることとされている。そのため，市町村および都道府県は，障害福祉計画において地域生活支

図表3-3　地域生活支援事業一覧

| 市町村地域生活支援事業 | 都道府県地域生活支援事業 |
|---|---|
| 【必須】　相談支援事業<br>・市町村相談支援機能強化事業<br>・住宅入居等支援事業（居住サポート事業）<br>・成年後見制度利用支援事業 | 【必須】　専門性の高い相談支援事業<br>・発達障害者支援センター運営事業<br>・障害者・生活支援センター事業<br>・高次脳機能障害支援普及事業 |
| 【必須】　コミュニケーション支援事業 | 【必須】　広域的な支援事業<br>・都道府県相談支援体制整備事業 |
| 【必須】　日常生活自立支援事業 | 【必須】　サービス・相談支援者，指導者育成事業<br>・障害程度区分認定調査員等研修事業<br>・相談支援従事者研修事業<br>・サービス管理責任者研修事業<br>・居宅介護従事者等養成研修事業<br>・手話通訳者養成研修事業<br>・盲ろう者通訳・介助員養成研修事業<br>・身体障害者・知的障害者相談員活動強化事業<br>・音声機能障害者発声訓練指導者養成事業 |
| 【必須】　移動支援事業<br>【必須】　地域活動支援センター機能強化事業<br>その他の事業<br>・福祉ホーム事業<br>・盲人ホーム事業<br>・重度障害者在宅就労促進特別事業（バーチャル工房支援事業）<br>・社会参加促進事業<br>・訪問入浴サービス事業<br>・身体障害者自立支援事業<br>・更生訓練費・施設入所者就職支度金給付事業<br>・知的障害者職親委託制度<br>・生活支援等事業<br>・日中一時支援事業<br>・生活サポート事業 | その他の事業<br>・福祉ホーム事業<br>・盲人ホーム事業<br>・重度障害者在宅就労促進特別事業（バーチャル工房支援事業）<br>・社会参加促進事業<br>・重度障害者に係る市町村特別支援事業<br>・知的障害者職親委託制度<br>・生活訓練等事業<br>・情報支援等事業<br>・障害者IT総合推進事業 |

援事業の実施に関し必要な事項を定めることとされている。

なお，都道府県は地域の実情を勘案して，市町村に代わって市町村地域生活支援事業の一部を実施することができる。

3）財　源

障害者自立支援制度の実施主体は市町村であるため，障害福祉サービス等に要する費用は市町村から支給される。そのうち，自立支援給付に要した費用については，その50％を国が，そして25％を都道府県が義務的に負担することになっている。この「義務的に負担する」とは，障害福祉サービスの利用が予算枠以上となった場合には補正予算を組んででも必要な費用を準備し，予算上の制約のために障害福祉サービス等の利用が頭打ちにならないようにすることを意味する。

一方，地域の実情に応じて実施される地域生活支援事業に要した費用については，50％の範囲内で国からの補助（国庫補助）が行われる。また，市町村における事業に関しては都道府県からも25％の範囲内で補助が行われることがある。

ただし，一部の事業については交付税を財源として実施されることもある。

4）利用手続き

障害福祉サービスの利用を希望する場合，介護給付費および訓練等給付費は図表3-4のとおりのながれで，その支給が決定される。

①　申　請

障害者自立支援制度における**障害福祉サービス**の利用を希望する場合，まず，居住地の市町村に対して申請を行うことになる。この際，申請の代行を指定相談支援事業者に依頼することもできる。

なお，障害者支援施設などの特定施設に入所している場合は，居住地特例の対象となるため，特定施設への入所前に居住していた市町村に申請することになる（障害者自立支援法第19条第3項）。

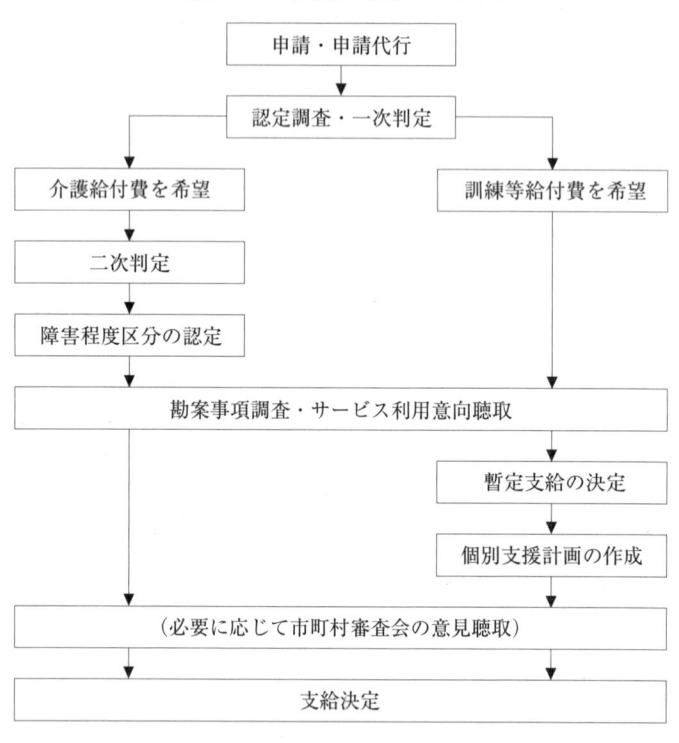

図表3-4　支給決定までのながれ

```
申請・申請代行
    ↓
認定調査・一次判定
    ↓
┌───────────────┬───────────────┐
介護給付費を希望          訓練等給付費を希望
    ↓                       
二次判定                     
    ↓                       
障害程度区分の認定           
    ↓                       ↓
勘案事項調査・サービス利用意向聴取
                            ↓
                    暫定支給の決定
                            ↓
                    個別支援計画の作成
    ↓                       ↓
（必要に応じて市町村審査会の意見聴取）
            ↓
        支給決定
```

② 認定調査・一次判定

　申請を受けた市町村は，障害福祉サービスの必要性を総合的に判定するために必要な認定調査を訪問により実施する。この認定調査は，心身の状況に関するアセスメント調査（全国共通の106項目）および概況調査，その他，特記事項からなる調査である。なお，認定調査に不備や誤りがあったと認められる場合は，市町村の職権により再調査をすることができる。

　また，認定調査に関しては，市町村からの委託を受けた指定相談支援事業者等が実施する場合もある。

　認定調査の結果は，コンピュータにより処理され，非該当，障害程度区分1～6に判定される（一次判定）。

> **居住地特例**
> 　福祉サービスの利用における居住地原則の例外。居住地原則が画一的に適用されると，施設等への入所にあたって転出・転入がともなう場合に施設等の所在地となる市町村の事務・費用負担が過大なものとなる。そこで，福祉施設の所在地となる市町村の負担を軽減するために，施設等への入所前に居住していた市町村が事務等の実施主体となる特例が設けられた。介護保険制度においても同様の規定がある。

③　障害程度区分の認定

介護給付費に関係する障害福祉サービスの利用申請であった場合は，**障害程度区分**の認定が必要となる。

コンピュータによる一次判定の結果や認定調査の特記事項，医師の意見書に基づき市町村審査会により二次判定が実施される。二次判定の結果に基づき，市町村により障害程度区分が認定される。

障害程度区分の有効期間は，市町村審査会の意見を聴いたうえで，3ヵ月以上3年以下の1ヵ月単位で定めることとされている。有効期間の開始日は原則として認定日となる。ただし，支給決定期間の開始日と合わせることも可能である。

④　暫定支給

これに対して，訓練等給付費に関する障害福祉サービスの利用申請があった場合は，その障害福祉サービスが障害者本人に適切かどうかを判断するために，支給決定前に暫定支給決定が行われる。

この仕組みにより，一定期間，利用を希望する障害福祉サービスを試用することができる。その効果が認められ，本人の利用意志が確認された場合，指定サービス事業者によって個別支援計画が策定される。個別支援計画には訓練・就労評価項目の内容が盛りこまれる。

効果が認められない場合などは，サービス事業者を変更したり，サービスの種類自体を見直したりして再評価が行われる。

⑤ 支給決定

勘案事項（地域生活や就労，日中活動，介護者，居住など）についての調査が市町村により行われる。

概況調査で把握された勘案事項が検討され，サービス利用意向の聴取が行われる。利用意向に関する聴取結果については，必要に応じて市町村審査会の意見が聴取される。

その後，介護給付費等について支給の要否・支給量等が決定される。なお，介護給付費に関係する障害福祉サービスは，障害程度区分により対象者を決定するため，障害程度区分の認定結果により，支給決定が却下されることもある。ただしこのような場合であっても，障害程度区分の認定自体は有効である。

障害福祉サービスの支給量等が決定されると「障害福祉サービス受給者証」が交付される。18歳以上の場合には本人に交付されるが，18歳未満の場合には保護者に対して交付される。

この後，サービス事業者の選択，利用契約，サービスの利用となる。

5）費用負担

① 定率負担

障害者自立支援制度以前は，サービス利用者の所得に応じて利用料が変化する応能負担であった。しかし，障害者自立支援制度においては介護保険制度と同様，サービスに要した費用の1割を利用者が負担する仕組み（**定率負担**）が導入された。また，食費や光熱水費に関しては実費負担となった。

② 月額負担上限額

定率負担の仕組みにおいては，サービスの利用が増えれば増えるほど，利用者の自己負担は増加する。そのため，高額な自己負担が利用者の生活を圧迫しないよう，利用者世帯の所得に応じ，世帯単位での利用者負担上限額（月額）が設定されている（図表3-5）。

ただし，障害福祉サービスと補装具の利用者負担上限額はそれぞれ別に設定されている。なお，障害者本人又は世帯員のいずれかが一定所得以上の場合，

**図表 3 - 5　障害者自立支援法における利用者負担の上限額（月額）**

〈～2010（平成22）年3月〉
(単位：円)

| 世帯の区分<br>障害福祉サービスの種類 | 生活保護 | 低所得1<br>市町村民税(非課税) | 低所得2 | 一般 市町村民税における所得割の税額 ||||
|---|---|---|---|---|---|---|---|
| | | | | 16万円未満 | 28万円未満 | 46万円未満 | 46万円以上 |
| 福祉サービス【障害者】居宅通所 | 0 | 1,500 | 3,000<br>1,500 | 9,300 | 37,200 | | |
| 福祉サービス【障害児】居宅通所 | 0 | 1,500 | 3,000<br>1,500 | 4,600 | 37,200 | | |
| 福祉サービス【20歳以上】入所施設等 | 0 | 0~15,000<br>(個別減免) | 0~24,600<br>(個別減免) | 37,200 | | | |
| 福祉サービス【20歳未満】入所施設等 | 0 | 3,500 | 6,000 | 9,300 | 37,200 | | |
| 補　装　具 | 0 | 15,000 | 24,600 | 37,200 | | | 全額自己負担 |

〈2010（平成22）年4月～〉
(単位：円)

| 世帯の区分<br>障害福祉サービスの種類 | 生活保護 | 低所得1<br>市町村民税(非課税) | 低所得2 | 一般 市町村民税における所得割の税額 ||||
|---|---|---|---|---|---|---|---|
| | | | | 16万円未満 | 28万円未満 | 46万円未満 | 46万円以上 |
| 福祉サービス【障害者】居宅通所 | 0 | 0 | 0 | 9,300 | 37,200 | | |
| 福祉サービス【障害児】居宅通所 | 0 | 0 | 0 | 4,600 | 37,200 | | |
| 福祉サービス【20歳以上】入所施設等 | 0 | 0 | 0 | 37,200 | | | |
| 福祉サービス【20歳未満】入所施設等 | 0 | 0 | 0 | 9,300 | 37,200 | | |
| 補　装　具 | 0 | 0 | 0 | 37,200 | | | 全額自己負担 |

出所）厚生労働省 HP 資料をもとに作成

補装具費の支給対象外となり，補装具費は支給されず，補装具の購入や修理に要した費用は全額自己負担となる。

所得に応じ，世帯は，生活保護世帯，市町村民税非課税世帯である低所得1および低所得2，市町村民税課税世帯である一般の4つに区分される。

なお，18歳以上の障害者の場合と障害児の場合とでは，所得を判断する世帯の範囲が異なる。障害者の場合は，障害のある本人とその配偶者が世帯となるが，障害児の場合は保護者の属する住民基本台帳上の世帯となる。また，施設に入所する20歳未満の障害者または障害児については，当該障害者または障害児を監護する者（保護者等）の属する世帯となる。

このような利用者負担の上限設定は，1ヵ月に利用できるサービス量の上限を定めるものではない。むしろ，過大な利用者負担のためにサービス利用が減少することのないように月ごとの負担上限額が設定されているのである。そのため，一月に利用したサービス量にかかわらず，利用者負担額以上の負担は生じない。

③ 高額障害福祉サービス費

利用者負担上限額が個人単位で適用されるとすると，同一世帯に障害福祉サービスを利用する人が複数いる場合，世帯としての負担が重くなることがある。そのため，世帯の負担を軽減する観点から利用者負担の上限額は世帯単位で適用される。つまり，同一世帯に障害福祉サービスを利用する人が複数いる場合，利用者負担額（定率負担部分）は合算されるものの，世帯あたりで負担上限額を超えた分は「高額障害福祉サービス費」として償還払い方式により，後日，返還（支給）されることになっている。ただし，食事費用や光熱費，送迎費といった，定率負担以外の費用は対象外となる。また，高額障害福祉サービス費と補装具費とは合算されない。

なお，高額障害福祉サービス費に関しては，障害福祉サービスを利用している人が介護保険のサービスを利用した場合も適用される。

④ 補足給付

補足給付は，実費負担となった食費・光熱水費に対する負担軽減措置である。入所施設における一月当たりの食費・光熱水費の基準を5万8,000円と設定し，これを支払っても少なくとも手元に「その他生活費」として2万5,000円（障害基礎年金1級の場合は2万8,000円）が残るように補足給付が行われる。

ただし，生活保護を利用している場合には，食費等の負担額は全額が給付される。

また，通所サービスを利用している場合は，食事提供体制加算として食費のうち，人件費相当分が給付され，利用者の食費負担分は食材料費相当となる。

⑤ 生活保護への移行防止

各種の負担軽減策が適用されても，利用者負担を支払うことによって生活保護の対象となる場合がある。この場合は，生活保護の対象とならないように，定率負担の負担上限月額が段階的に引き下げられる。また，食費・光熱水費の実費負担についてもさらに引き下げられる。

⑥ 「障害者福祉施策の見直し」に伴う利用者負担の変更

2009（平成21）年9月9日，「障害者自立支援法」の廃止と，「制度の谷間」がなく利用者の応能負担を基本とする総合的な制度の構築が連立政権により合意された。その後，同年12月8日には，内閣に「障がい者制度改革推進本部」が設置され，「障がい者制度改革推進会議」が開催されている。

そのため，新たな制度ができるまでの間として，2010（平成22）年4月1日より，市町村民税非課税である低所得1・2の障害者等については，福祉サービスおよび補装具に係る利用者負担が無料となった（図表3-5）。

6）苦情解決

① 苦情解決に関する措置

障害者自立支援制度における指定障害福祉サービス等は社会福祉法による社会福祉事業であるため，指定障害福祉サービス事業者は，社会福祉法第82条の規定に基づき，利用者等からの苦情の適切な解決に努めなければならない。

同様に，「障害者自立支援法に基づく指定障害福祉サービスの事業等の人員，

設備及び運営に関する基準」においても，苦情解決に関する措置等が定められているため，指定事業者には，苦情受付担当者および苦情解決責任者が置かれている。

また，公正中立な立場から苦情解決にあたる第三者委員が施設や事業者に設置されている場合もある。苦情受付担当者等に直接いえないような場合は第三者委員に対して苦情を申し立てることができる。

苦情受付担当者や第三者委員による苦情解決が十分に機能しない場合などは，都道府県運営適正化委員会に対して苦情を申し立て，解決を依頼することもできる。この場合，指定事業者は運営適正化委員会が行う調査または斡旋にできる限り協力しなければならないとされている。

もちろん，障害者自立支援制度の実施主体は市町村であるため，市町村の担当部署に対して相談をすることも考えられる。

また，支給決定等の行政処分に関する内容について不満がある場合等は後述する審査請求を利用することができる。

② 審査請求

障害程度区分に関する処分や支給決定に係る処分，利用者負担に係る処分等の市町村による障害福祉サービスの個別給付に係る処分に不服がある場合は，都道府県知事に対して審査請求をすることができる。

審査請求は，「処分があったことを知った日の翌日から起算して60日以内に，文書又は口頭でしなければならない」と規定されている。「処分があったことを知った日」については，処分に伴う各種の通知書を受けとった日となる。

ただし，正当な理由により，この期間内に審査請求をすることができなかったことを疎明（≒証明）したときは，この限りではない。

これに対して都道府県知事は，審査請求の事件を取り扱うために「障害者介護給付費等不服審査会」を条例の制定により設置することができる。

「障害者介護給付費等不服審査会」の委員は，「人格が高潔であって，介護給付費等に関する処分の審理に関し公正かつ中立な判断をすることができ，かつ，

障害者等の保健又は福祉に関する学識経験を有する者」とされ，都道府県知事が3年の任期で任命する。

なお，当該処分に関する処分取消しの訴えを提起するためには，原則として審査請求に対する裁決を経なければならない。ただし，「審査請求があった日の翌日から3ヵ月を経過しても裁決がないとき」や「処分，処分の執行又は手続の続行により生ずる著しい損害を避けるため緊急の必要があるとき」「その他裁決を経ないことにつき正当な理由があるとき」はこの限りではない。

また，裁判所に対する処分取り消しの訴えは，審査請求に対する裁決書を受けとった日の翌日から起算して6ヵ月以内にする必要がある。

審査請求に対する裁決は，「却下」「棄却」「認容」のいずれかとなる。このうち，審査請求が不適法に行われた場合は「却下」され，原処分は取り消されない。審査請求自体が適法に行われた場合は審理が行われ，知事による「棄却」あるいは「認容」の裁決が下される。審査請求に理由があると判断された場合は「認容」され，処分の全部または一部が取り消される。その後，市町村は裁決の趣旨に基づき，処分のやり直しを行うこととなる。

## 2．障害者自立支援制度の具体的内容

障害者自立支援法は，障害種別によって異なっていた障害福祉サービスの一元化とともに，サービス体系の再編も行った。それまでのように目的とする機能ごとに「施設」を設置するのではなく，介護や就労への支援といった機能ごとにサービスを区分していった。それと同時に，事業者によって提供されるサービスを，日中に提供されるサービス（日中活動事業）と夜間に提供されるサービス（居住支援事業）とに分けた。これにより，施設入所者であっても，異なる事業者が日中に提供するサービスを選択できるようになった。

(1) 相談支援のサービス

契約制度に基づいて障害福祉サービスを利用するようになった今日において

は，適切なサービスを選択し，利用するためには相談支援が重要な意味をもつ。

また，障害者の地域生活のためには，フォーマルなサービスだけでなく，インフォーマルなサービスもまた重要である。特にインフォーマルなサービスに関しては地域ごとに大きな違いがある。そこで，障害者自立支援法においては，障害者からの相談に応じる事業が，地域生活支援事業における相談支援事業として事業化された。市町村地域生活支援事業における必須事業であるが，指定相談支援事業者に委託することもできる。

ただし，発達障害や高次脳機能障害に関する相談支援は，都道府県地域生活支援事業において対応される。

1）相談支援事業

障害者からの相談に応じる事業は，身体障害者に関しては市町村により，そして知的障害者や精神障害者，障害児に関しては都道府県により実施されてきた。このような状況を改め，障害種別にかかわらず，最も身近な自治体である市町村において相談支援が受けられるよう，相談支援事業は市町村地域生活支援事業において必須事業とされている。

相談支援事業は，「障害者相談支援事業」および「市町村相談支援機能強化事業」「住宅入居等支援事業（居住サポート事業）」「成年後見制度利用支援事業」からなる事業であり，「障害者相談支援事業」が基礎の事業となる。なお，基礎的事業である「障害者相談支援事業」については一般財源化されているため，地域生活支援事業として国庫補助の対象となるのは基礎的事業以外の事業である。

障害者相談支援事業の内容は，以下のとおりである。

① 福祉サービスの利用援助（情報提供，相談等）
② 社会資源を活用するための支援（各種支援施策に関する助言・指導等）
③ 社会生活力を高めるための支援
④ ピアカウンセリング
⑤ 権利の擁護のために必要な援助

⑥　専門機関の紹介

⑦　地域自立支援協議会の運営　等

　障害者相談支援事業の目的は,「障害者等,障害児の保護者又は障害者等の介護を行う者などからの相談に応じ,必要な情報の提供等の便宜を供与することや,権利擁護のために必要な援助を行うことにより,障害者等が自立した日常生活又は社会生活を営むことができるようにすること」である。そのために,障害福祉サービスに関する情報提供や相談だけでなく,福祉サービスの利用援助をしたり,ピアカウンセリングや専門機関を紹介したりするなど,インフォーマルな支援も含めて総合的に支援が行われる。

2）サービス利用計画の作成

　障害福祉サービス利用者のうち,「特に計画的な自立支援を必要とする者」がサービス利用計画作成費の支給対象となる。

　具体的には,「厚生労働省令で定める数以上の種類の障害福祉サービス（施設入所支援を除く）を利用するもの」「その他厚生労働省令で定めるもの」である。「その他厚生労働省令で定めるもの」には「障害者支援施設からの退所等に伴い,一定期間,集中的に支援を行うことが必要である者」「単身の世帯に属するため又はその同居している家族等の障害,疾病等のため,自ら指定障害福祉サービス事業者等との連絡調整を行うことが困難である者」「重度障害者等包括支援に係る支給決定を受けることができる者」が該当する。このため,介護保険制度のようにすべての利用者がサービス利用計画を作成するわけではない。

　2008（平成20）年4月現在の利用者数は1,920人（速報値）であり,都道府県により利用状況に差があるものの利用者数は少ない。この原因としては,サービス利用計画作成費の対象者が重度障害者等に限定されていることと,計画の作成が市町村の支給決定後になっているために,一般的な相談支援のなかで対応されていることが指摘されている。

　サービスの利用にあたって,指定相談支援事業者の相談支援専門員がサー

ス利用計画を作成し，サービス利用の調整を行う。法定の障害福祉サービスにとどまらず，インフォーマルサービス，保健医療，教育，就労等を含め，生活設計を総合的に支援する。

また，月1回以上など定期的に利用者の居宅を訪問して相談に応じ，利用者に最も適切なサービス提供が行われるように支援する。

(2) 居宅生活支援のためのサービス

居宅での生活を支援するためのサービスには，介護給付費が支給される「居宅介護」「重度訪問介護」「行動援護」「重度障害者等包括支援」「短期入所」「児童デイサービス」と，地域生活支援事業において実施される「移動支援事業」「日中一時支援事業」「コミュニケーション支援事業」がある。

1) 居宅介護

居宅において，入浴，排せつ及び食事等の介護，調理，洗濯及び掃除等の家事並びに生活等に関する相談及び助言，その他の生活全般にわたる援助（いわゆるホームヘルプサービス）を行うサービスである。ただし，外出等を支援するためのガイドヘルプについては，地域生活支援事業における移動支援事業として再編されたため，居宅介護からは除かれる。

対象者は，障害程度区分が区分1以上（障害児にあってはこれに相当する心身の状態）である者となる。ただし，通院等介助（身体介護を伴う場合）を行う場合は，障害程度区分が2以上かつ障害程度区分の調査項目のうち，「歩行」「移乗」「移動」「排尿」「排便」のいずれかに介助が必要な状態にあると認定されている必要がある。

2) 重度訪問介護

重度の肢体不自由者で常に介護を必要とする者に，居宅において，入浴，排せつ及び食事等の介護，調理，洗濯及び掃除等の家事並びに生活等に関する相談及び助言その他の生活全般にわたる援助並びに外出時における移動中の介護を総合的・断続的に行うサービスである。そのため，同一ヵ所に長時間（基本

的に3時間以上／日）滞在しサービス提供を行う。また，「見守り介護」についてもサービス内容に含まれる。ただし，「経済活動に係る外出」や「通年かつ長期にわたる外出」は認められていない。

対象者は，重度の肢体不自由者であって常時介護を要する障害者（障害程度区分4以上）である。具体的には，「二肢以上に麻痺等があること」「障害程度区分の認定調査項目のうち『歩行』『移乗』『排尿』『排便』のいずれも「できる」以外と認定されていること」の双方に該当する必要がある。

なお，重度訪問介護を提供するのと同一の事業者による居宅介護の併給は認められていない。

3）行動援護

障害者等が行動する際に生じ得る危険を回避するために必要な援護，外出時における移動中の介護，排せつ及び食事等の介護，その他行動する際に必要な援助を行うサービスである。ただし，「経済活動に係る外出」や「通年かつ長期にわたる外出」は認められていない。

対象者は，知的障害又は精神障害により行動上著しい困難を有する障害者等であって常時介護を要する者で，障害程度区分が区分3以上であり，障害程度区分の認定調査項目のうち行動関連項目（11項目）等の合計点数が8点以上（障害児にあってはこれに相当する心身の状態）である者である。

なお，行動援護と居宅介護については併給が認められている。

4）重度障害者等包括支援

重度の障害者等に対し，居宅介護，重度訪問介護，行動援護，生活介護，児童デイサービス，短期入所，共同生活介護，自立訓練，就労移行支援，就労継続支援及び旧法施設支援（通所によるものに限る）を包括的に提供するサービスである。そのため，他の障害福祉サービスとの併給はできない。

対象者は，常時介護を要する障害者等であって，意思疎通を図ることに著しい支障がある者のうち，四肢の麻痺及び，寝たきりの状態にある者並びに知的障害又は精神障害により行動上著しい困難を有する者である。障害程度区分が

区分6に該当し，意志疎通が著しく困難な者で3つの類型が想定されている。

Ⅰ類型は，「気管切開を伴う人工呼吸器による呼吸管理を行っている身体障害者」であり，筋ジストロフィー，脊椎損傷，筋萎縮性側索硬化症（ALS），遷延性意識障害等が状態像としてあげられている。

Ⅱ類型は，「最重度知的障害者」であり，重症心身障害者等が状態像としてあげられている。

Ⅲ類型は，「障害程度区分の認定調査項目のうち行動関連項目（11項目）等の合計点数が15点以上である者」であり，状態像としては強度行動障害等があげられている。

5）短期入所（ショートステイ）

居宅においてその介護を行う者の疾病その他の理由により，障害者支援施設，児童福祉施設その他の以下に掲げる便宜を適切に行うことができる施設への短期間の入所を必要とする障害者等につき，当該施設に短期間の入所をさせ，入浴，排せつ及び食事その他の必要な保護を行うサービスである。

対象者は，「障害程度区分が区分1以上である障害者」と「障害児の障害の程度に応じて厚生労働大臣が定める区分における区分1以上に該当する障害児」である。

6）児童デイサービス

障害児を，知的障害児施設や肢体不自由児施設等に通わせ，日常生活における基本的な動作の指導及び集団生活への適応訓練を行うサービスである。

対象者は，**療育**の観点から個別療育，集団療育を行う必要が認められる児童である。具体的には，「市町村等が行う乳幼児健診等で療育の必要性が認められる児童」および「児童相談所，保健所，児童家庭支援センター，医療機関等から療育の必要性を認められた児童」である。障害のある児童に対して**障害程度区分**は直接的に適用されていないので，障害程度区分によって規定されていない。

7) 移動支援事業

　屋外での移動が困難な障害者等について，外出のための支援を行うことにより，地域における自立生活及び社会参加を促すことを目的とする事業で，市町村地域生活支援事業における必須事業である。

　2003年度から実施された支援費制度においては，居宅介護等事業（ホームヘルプサービス）の一環としてガイドヘルプ（外出時の移動の介護）が実施されていたが，そのうち，突発的なニーズ等に対応するために，弾力的に運用することが必要なサービスについては，移動支援事業として再編された。なお，それ以外にサービスに関しては通院介助（居宅介護），重度訪問介護，行動援護，重度障害者等包括支援として障害福祉サービスに位置づけられた。

　「障害者等であって，市町村が外出時に移動の支援が必要と認めた者」を対象に，社会生活上必要不可欠な外出及び余暇活動等の社会参加のための外出の際の移動を支援する。

　各市町村の判断により地域の特性や個々の利用者の状況やニーズに応じた柔軟な形態で実施することとされており，「個別支援型」「グループ支援型」「車両移送型」の利用形態が想定されている。

　また，サービスを提供するに相応しい者として市町村が認めた者がサービスを提供する。なお，サービス提供者に関しては「居宅介護従事者養成研修等」を活用した資質の向上に努めることが望まれている。

8) 日中一時支援事業

　障害者等の日中における活動を確保し，障害者等の家族の就労支援および障害者等を日常的に介護している家族の一時的な休息を目的とする市町村地域生

---

**療育**

高木憲次による造語のひとつで，「医療」と「育成」からなる。当初は，肢体不自由のある子どもを対象としていたが，現在では，高松鶴吉の概念をもとに，知的障害のある子どもについても用いられることが多い。

活支援事業（その他の事業）である。

　日中において監護する者がいないため，一時的に見守り等の支援が必要と市町村が認めた障害者等に対して，日中，障害福祉サービス事業所や障害者支援施設，学校の空き教室等において，障害者等に活動の場を提供し，見守り，社会に適応するための日常的な訓練その他市町村が認めた事業を行う。また，送迎サービス等の適切な支援を市町村の判断により行うこととされている。

　この事業を利用している時間は，その他の障害福祉サービスを利用することはできない。

　9）コミュニケーション支援事業

　「聴覚，言語機能，音声機能，視覚その他の障害のため，意思疎通を図ることに支障がある障害者等に，手話通訳等の方法により，障害者等とその他の者の意思疎通を仲介する手話通訳者等の派遣等を行い，意思疎通の円滑化を図ること」を目的とする事業で，市町村地域生活支援事業における必須事業に位置づけられる。

　意思疎通を図ることに支障がある障害者等とその他の者の意思疎通を仲介するために，手話通訳者（手話通訳士，手話通訳者，手話奉仕員）や要約筆記者（要約筆記奉仕員）を派遣する。また，手話通訳者を設置する事業，点訳や音声訳等による支援事業も行う。

(3) 日中活動を支援するためのサービス

　介護給付費が支給される「療養介護」「生活介護」のほかに，訓練等給付費が支給される「自立訓練（機能訓練）」「自立訓練（生活訓練）」「就労移行支援」「就労継続支援A型」「就労継続支援B型」がある。また，地域生活支援事業として「地域活動支援」が行われる。

　1）療養介護

　病院において機能訓練，療養上の管理，看護，医学的管理の下における介護，日常生活上の世話その他必要な医療を要する障害者であって常時介護を要する

ものにつき，主として昼間において，病院において行われる機能訓練，療養上の管理，看護，医学的管理の下における介護及び日常生活上の世話を行うサービスである。

なお，療養介護に関しては，医療機関への入院とあわせて実施される。そのため，療養介護のうち医療に係るものは療養介護医療として提供される。

2）生活介護

障害者支援施設等において，入浴，排せつ及び食事等の介護，創作的活動又は生産活動の機会の提供その他必要な援助を要する障害者であって，常時介護を要する者に対して，主として昼間において，入浴，排せつ及び食事等の介護，調理，洗濯及び掃除等の家事並びに生活等に関する相談及び助言その他の必要な日常生活上の支援，創作的活動又は生産活動の機会の提供その他の身体機能又は生活能力の向上のために必要な援助を行うサービスである。

対象者は，地域や入所施設において，安定した生活を営むため，常時介護等の支援が必要な者である。具体的には，「障害程度区分が区分3以上である者（障害者支援施設に入所する場合は区分4以上）」「年齢が50歳以上の場合は，障害程度区分が区分2以上である者（障害者支援施設に入所する場合は区分3以上）」である。

3）自立訓練（機能訓練）

身体障害を有する障害者につき，障害者支援施設若しくは障害福祉サービス事業所に通わせ，当該障害者支援施設若しくは障害福祉サービス事業所において，又は当該障害者の居宅を訪問することによって，理学療法，作業療法その他必要なリハビリテーション，生活等に関する相談及び助言その他の必要な支援を行うサービスである。

「入所施設・病院を退所・退院した者であって，地域生活への移行等を図る上で，身体的リハビリテーションの継続や身体機能の維持・回復などの支援が必要な者」もしくは「特別支援学校（盲・ろう・養護学校）を卒業した者であって，地域生活を営む上で，身体機能の維持・回復などの支援が必要な者」

などの利用が考えられる。

　4）自立訓練（生活訓練）

　知的障害又は精神障害を有する障害者につき，障害者支援施設若しくはサービス事業所に通わせ，当該障害者支援施設若しくはサービス事業所において，又は当該障害者の居宅を訪問することによって，入浴，排せつ及び食事等に関する自立した日常生活を営むために必要な訓練，生活等に関する相談及び助言，その他の必要な支援を行うサービスである。

　「入所施設・病院を退所・退院した者であって，地域生活への移行を図る上で，生活能力の維持・向上などの支援が必要な者」もしくは「特別支援学校を卒業した者，継続した通院により症状が安定している者等であって，地域生活を営む上で，生活能力の維持・向上などの支援が必要な者」などの利用が想定されている。

　日中，一般就労や外部の障害福祉サービスを利用している者であって，地域移行に向けて一定期間，居住の場を提供して帰宅後における生活能力等の維持・向上のための訓練その他の支援が必要な知的障害者・精神障害者のうち，自立訓練（生活訓練）の利用対象者は，「宿泊型自立訓練」として，居室その他の設備を利用させるとともに，家事等の日常生活能力を向上させるための支援，生活等に関する相談及び助言その他の必要な支援を利用することができる。

　5）就労移行支援

　就労を希望する65歳未満の障害者であって，通常の事業所に雇用されることが可能と見込まれる者につき，生産活動，職場体験その他の活動の機会の提供その他の就労に必要な知識及び能力の向上のために必要な訓練，求職活動に関する支援，その適性に応じた職場の開拓，就職後における職場への定着のために必要な相談，その他の必要な支援を行うサービスである。

　具体的には，「就労を希望する者であって，単独で就労することが困難であるため，就労に必要な知識及び技術の習得若しくは就労先の紹介その他の支援が必要な65歳未満の者」や「あん摩マッサージ指圧師免許，はり師免許又は灸

師免許を取得することにより，就労を希望する者」が対象となる。

6）就労継続支援A型（雇用型）

　企業等に就労することが困難な者につき，雇用契約に基づき，継続的に就労することが可能な65歳未満の障害者（利用開始時65歳未満の者）に対し，生産活動その他の活動の機会の提供，その他の就労に必要な知識及び能力の向上のために必要な訓練，その他の必要な支援を行うサービスである。

　この場合，「企業等に就労することが困難」な例としては，「就労移行支援事業を利用したが，企業等の雇用に結びつかなかった」「特別支援学校を卒業して就職活動を行ったが，企業等の雇用に結びつかなかった」「企業等を離職した者等就労経験のある者で，現に雇用関係がない」が例示されている。

7）就労継続支援B型（非雇用型）

　通常の事業所に雇用されることが困難な障害者のうち，通常の事業所に雇用されていた障害者であって，その年齢，心身の状態その他の事情により，引き続き当該事業所に雇用されることが困難となった者，就労移行支援によっても通常の事業所に雇用されるに至らなかった者，その他の通常の事業所に雇用されることが困難な者につき，生産活動その他の活動の機会の提供，その他の就労に必要な知識及び能力の向上のために必要な訓練，その他の必要な支援を行うサービスである。

　対象者は，「就労移行支援事業等を利用したが一般企業等の雇用に結びつかない者や，一定年齢に達している者などであって，就労の機会等を通じ，生産活動にかかる知識及び能力の向上や維持が期待される者」である。たとえば，「就労経験がある者であって，年齢や体力の面で一般企業に雇用されることが困難となった者」「就労移行支援事業を利用（暫定支給決定での利用を含む）した結果，B型の利用が適当と判断された者」「上記に該当しない者であって，50歳に達している者又は障害基礎年金1級受給者」。

　なお，平成23年までの経過措置として「上記に該当しない者であって，地域に一般就労の場やA型の事業所による雇用の場が乏しく雇用されること又は就

労移行支援事業者が少なく，就労移行支援事業を利用することが困難と区市町村が判断した者」も対象とされる。

8）地域活動支援（地域活動支援センター機能強化事業）

地域活動支援センターの機能を充実強化し，もって障害者等の地域生活支援の促進を図ることを目的とする事業である。地域活動支援センターの事業を実施する者は，法人格を有していなければならない。

地域活動支援センターの目的は，障害者等を通わせ，地域の実情に応じ，創作的活動又は生産活動の機会の提供，社会との交流の促進等の便宜を供与することである。この目的に含まれている利用者に対する創作活動や生産活動の機会の提供等については基礎的事業とされ，財源は交付税により措置されている。地域生活支援事業に係る国庫補助の対象となるのは機能強化事業である。

強化された地域活動支援センターの事業形態としてはⅠ～Ⅲ型の3つの類型が想定されている。

たとえば，地域活動支援センターⅠ型は，精神保健福祉士等の専門職員を配置することで，医療・福祉及び地域の社会基盤との連携強化のための調整，地域住民ボランティア育成，障害に対する理解促進を図るための普及啓発等の事業を実施することが想定されている。そのため，相談支援事業を併せて実施することもしくは相談支援事業の委託を受けていることが要件とされている。

これに対して，地域活動支援センターⅡ型においては，雇用・就労が困難な在宅障害者に対する機能訓練や社会適応訓練，入浴等のサービスの実施が想定されている。また，地域活動支援センターⅢ型として想定されているのは，運営年数や実利用人員が一定数以上の小規模作業所や個別事業所に併設されるタイプの施設であり，これらの施設の機能を強化するために補助が行われる。

(4) 夜間の居住を支援するためのサービス

夜間の居住を支援するために「施設入所支援」「共同生活介護（ケアホーム）」「共同生活援助（グループホーム）」「福祉ホーム」「住宅入居等支援事業

(居住サポート事業)」がある。

　1）施設入所支援

　障害者支援施設に入所する障害者につき，主として夜間において，入浴，排せつ及び食事等の介護，生活等に関する相談及び助言，その他の必要な日常生活上の支援を行うサービスである。

　対象者は，「生活介護を受けている者であって障害程度区分が区分4以上（50歳以上の者にあっては区分3以上）である者」もしくは「自立訓練又は就労移行支援を受けている者であって，入所させながら訓練等を実施することが必要かつ効果的であると認められる者，又は地域における障害福祉サービスの提供体制の状況その他やむを得ない事情により，通所によって自立訓練又は就労移行支援を受けることが困難な者」である。

　そのため，施設入所支援のみを利用することはできない。

　2）共同生活介護（ケアホーム）

　共同生活を営むべき住居に入居している障害者につき，主として夜間において，共同生活住居において入浴，排せつ及び食事等の介護，調理，洗濯及び掃除等の家事，生活等に関する相談及び助言，就労先その他関係機関との連絡，その他の必要な日常生活上の世話を行うサービスである。

　従来のグループホームによるサービスのうち，介護が必要な者を対象として再編された。そのため対象者は，障害程度区分が区分2以上に該当する知的障害者及び精神障害者であった。

　2009年4月より体験的利用制度が創設されるとともに，2009年10月より身体障害者が利用対象者に加えられることとなった。

　3）共同生活援助（グループホーム）

　地域で共同生活を営むのに支障のない障害者につき，主として夜間において，共同生活を営むべき住居において相談その他の日常生活上の援助を行うサービスである。共同生活住居内で必要な支援は世話人が行うため，共同生活援助を利用している者は同時に居宅介護を利用することはできない。

対象者は，「障害程度区分が区分1もしくは非該当の知的障害者および精神障害者」である。なお，障害程度区分2以上の方であっても，あえて共同生活援助の利用を希望する場合は利用が可能である。

2009年4月より体験的利用制度が創設されるとともに，2009年10月より身体障害者が利用対象者に加えられることとなった。

4）福祉ホーム

福祉ホームは「障害者自立支援法に基づく福祉ホームの設備及び運営に関する基準」（平成18年9月29日厚生労働省令第176号）により設置される。福祉ホームの利用は，利用者と経営主体との契約によるものとされている。

現に住居を求めている障害者につき，低額な料金で，居室その他の設備を利用させるとともに，日常生活に必要な便宜を供与することにより，障害者の地域生活を支援することを目的とする。市町村および都道府県が地域生活支援事業として実施する（必須事業）。

家庭環境，住宅事情等の理由により，居宅において生活することが困難な障害者を対象とする。ただし，常時の介護，医療を必要とする状態にある者は除かれる。

「施設の管理」「利用者の日常生活に関する相談，助言」「福祉事務所等関係機関との連絡，調整」をするために管理人が置かれる。

5）住宅入居等支援事業（居住サポート事業）

賃貸契約による一般住宅（公営住宅及び民間の賃貸住宅）への入居を希望しているが，保証人がいない等の理由により入居が困難な障害者等に対し，入居に必要な調整等に係る支援を行うとともに，家主等への相談・助言を通じて障害者等の地域生活を支援する。市町村地域生活支援事業における相談支援事業の一環として実施される。

賃貸契約による一般住宅への入居に当たって支援が必要な障害者等について，主に次の支援を行う。

「入居支援」として，不動産業者に対する物件斡旋依頼，及び家主等との入

居契約手続き支援を行う。また，地域において公的保証人制度がある場合には，必要に応じてその利用支援を行う。

「24時間支援」として，夜間を含め，緊急に対応が必要となる場合における相談支援，関係機関との連絡・調整等必要な支援を行う。

「居住支援のための関係機関によるサポート体制の調整」として，利用者の生活上の課題に応じ，関係機関から必要な支援を受けることができるよう調整を行う。

### (5) 医療を提供するためのサービス

#### 1）障害者自立支援医療

心身の障害を除去・軽減するための医療については，医療費の自己負担額を軽減するために，身体障害者福祉法における更生医療，児童福祉法における育成医療，精神保健及び精神障害者福祉に関する法律における精神通院医療として公費負担が行われていた。障害者自立支援医療はそれらを再編成したもので，対象となる障害と治療に関しては変更されていない。

障害者自立支援医療と医療保険とでは医療保険が優先されるため，医療保険適用後の自己負担分に対して障害者自立支援医療が適用されることとなる。結果として，原則，医療費の自己負担が1割になる。ただし，世帯ごとの所得等によっては，月額の負担額に上限が設けられたり，障害者自立支援医療を利用できなかったりする。

指定自立支援医療機関から指定自立支援医療を受けたときに自立支援医療費が支給される。

#### 2）療養介護医療費

病院等への長期の入院による医療的ケアに加え，常時の介護を必要とする障害者が利用する療養介護のうち，医療に係るものについては，療養介護医療費が給付される。療養介護医療についても月額の負担上限額が設定されている。

(6) 補装具等を提供するためのサービス

1）補装具

　補装具は，身体障害者福祉法および児童福祉法においては現物支給されていた。その目的は「障害者が日常生活を送る上で必要な移動等の確保や，就労場面における能率の向上を図ること及び障害児が将来，社会人として独立自活するための素地を育成助長すること」であった。補装具は「身体の欠損又は損なわれた身体機能を補完・代替する用具」である。

　しかし，障害者自立支援法により補装具の購入や修理に要した費用の一部を支給する補装具費支給制度へと変更された。補装具費は「償還払い」方式もしくは「代理受領」方式により支給される。

　また，補装具の一部種目については，日常生活用具との入れ替えが行われた。なお，「色めがね」については補装具から廃止（除外）された。

　補装具費の支給に要する費用は市町村が支弁し，そのうち，100分の50を国が負担する。障害者自立支援法以外の関係各法の規定に基づき補装具の給付等が受けられる者については，当該関係各法に基づく給付等が優先される。補装具費の支給対象となる補装具の個数は原則として1種目につき1個である。

　補装具費の支給を受けたい利用者は市町村に補装具費支給の申請を行う（このとき，低所得世帯に該当する場合は併せて，利用者負担額の減免申請を行うこともできる）。

　申請を受けた市町村は，身体障害者更生相談所（指定自立支援医療機関，保健所）の意見・判定を基に補装具費の支給の適否を審査する。審査の結果，補装具費の支給が適当であると認められた場合（支給決定），利用者には「補装具費支給券」が交付される。その後，利用者は補装具業者に「補装具費支給券」を提示し，補装具の購入（修理）等についての契約を結ぶこととなる。

　この後は，補装具費の支給方式により2つの方法がある。

　「償還払い」方式を用いる場合は，契約後の補装具の購入（修理）に際し，必要な費用の全額を支払う。そのときに受けとった領収書と補装具費支給券を

図表3-6　補装具種目一覧

(単位：円)

| 種目 | 名称 | | H22基準 | 耐用年数 |
|---|---|---|---|---|
| 義肢（注1,2） | | | 326,000 | 1～5 |
| 装具（注1,2） | | | 81,000 | 1～3 |
| 座位保持装置（注1） | | | 295,000 | 3 |
| 盲人安全つえ | 普通用 | グラスファイバー | 3,550 | 2 |
| | | 木材 | 1,650 | |
| | | 軽金属 | 2,200 | 5 |
| | 携帯用 | グラスファイバー | 4,400 | 2 |
| | | 木材 | 3,700 | |
| | | 軽金属 | 3,550 | 4 |
| | **身体支持併用** | | **3,800** | 4 |
| 義眼 | 普通義眼 | | 17,000 | 2 |
| | 特殊義眼 | | 60,000 | |
| | コンタクト義眼 | | 60,000 | |
| 眼鏡 | 矯正眼鏡 | 6D未満 | 17,600 | 4 |
| | | 6D以上10D未満 | 20,200 | |
| | | 10D以上20D未満 | 24,000 | |
| | | 20D以上 | 24,000 | |
| | 遮光眼鏡 | 前掛式 | 21,500 | |
| | | 6D未満 | 30,000 | |
| | | 6D以上10D未満 | 30,000 | |
| | | 10D以上20D未満 | 30,000 | |
| | | 20D以上 | 30,000 | |
| | コンタクトレンズ | | 15,400 | |
| | 弱視眼鏡 | 掛けめがね式 | 36,700 | |
| | | 焦点調整式 | 17,900 | |
| 補聴器 | 標準型箱形 | | 34,200 | 5 |
| | 標準型耳掛形 | | 43,900 | |
| | 高度難聴用箱形 | | 55,800 | |
| | 高度難聴用耳掛形 | | 67,300 | |
| | 挿耳型（レディ） | | 87,000 | |
| | 挿耳型（オーダー） | | 137,000 | |
| | 骨導型箱形 | | 67,000 | |
| | 骨導型眼鏡形 | | 120,000 | |
| 車いす | 普通型 | | 100,000 | 6 |
| | リクライニング式普通型 | | 120,000 | |
| | 手動リフト式普通型 | | 232,000 | |
| | 前方大車輪型 | | 100,000 | |
| | リクライニング式前方大車輪型 | | 120,000 | |
| | 片手駆動型 | | 117,000 | |
| | リクライニング式片手駆動型 | | 133,600 | |
| | レバー駆動型 | | 160,500 | |
| | 手押し型A | | 82,700 | |
| | 手押し型B | | 81,000 | |
| | リクライニング式手押し型 | | 114,000 | |
| | ティルト式手押し型 | | 128,000 | |
| | リクライニング・ティルト式手押し型 | | 153,000 | |

| | | | | |
|---|---|---|---|---|
| 電動車いす | 普通型 (4.5km) | | 314,000 | 6 |
| | 普通型 (6.0km) | | 329,000 | |
| | 簡易型 | 切替式 | **157,500** | |
| | | アシスト式 | **212,500** | |
| | リクライニング式普通型 | | 343,500 | |
| | 電動リクライニング式普通型 | | 440,000 | |
| | 電動リフト式普通型 | | 701,400 | |
| | 電動ティルト式普通型 | | 580,000 | |
| | 電動リクライニング・ティルト式普通型 | | 982,000 | |
| 座位保持いす（児のみ） | | | 24,300 | 3 |
| 起立保持具（児のみ） | | | 27,400 | 3 |
| 歩行器 | 六輪型 | | **63,100** | 5 |
| | 四輪型（腰掛付） | | **39,600** | |
| | 四輪型（腰掛なし） | | **39,600** | |
| | 三輪型 | | 34,000 | |
| | 二輪型 | | 27,000 | |
| | 固定型 | | **22,000** | |
| | 交互型 | | 30,000 | |
| 頭部保持具（児のみ） | | | 7,100 | 3 |
| 排便補助具（児のみ） | | | 8,200 | 2 |
| 歩行補助つえ<br>※一本杖を除く | 松葉づえ | 木材 | A普通 | 3,300 | 2 |
| | | | B伸縮 | 3,300 | |
| | | 軽金属 | A普通 | 4,000 | |
| | | | B伸縮 | **4,500** | |
| | カナディアン・クラッチ | | 8,000 | 4 |
| | ロフストランド・クラッチ | | 8,000 | |
| | 多点杖 | | 6,600 | |
| | プラットフォーム杖 | | 24,000 | |
| 重度障害者用<br>意思伝達装置 | 文字等走査<br>入力方式 | 簡易なもの | **143,000** | 5 |
| | | 通信機能が付加されたもの | **450,000** | |
| | | 環境制御機能が付加されたもの | **450,000** | |
| | 生体現象方式 | | **450,000** | |

（注1） 義肢・装具・座位保持装置の基準額については，平成15年度交付実績1件当たり平均単価を記載。

（注2） 義肢・装具の耐用年数について，18歳未満の児童の場合は，成長に合わせて4ヵ月～1年6ヵ月の耐用年数となっている。

（注3） **ゴシック太字**は平成22年度改訂。

出所）厚生労働省HPを一部改変

添えて，市町村に補装具費の支給を請求することになる。利用者からの請求が正当であると認められた場合，補装具費（基準額の100分の90）が利用者に支給される。

これに対して「代理受領」方式を用いる場合は，契約締結時に，「補装具費の代理受領に係る委任状」を作成することとなる。そして，補装具を購入（修

### 図表3-7 補装具費の支給の仕組み

〈償還払いの場合〉
① 補装具費支給申請
①-1 意見照会，判定以来
①-2 意見書の交付，判定書の交付
② 補装具費支給決定（種目・金額）
　　※適切な業者の選定に必要となる情報の提供
③ 契約
③-1 製作指導
③-2 適合判定
④ 補装具の引渡し
⑤ 補装具の購入（修理）費支払い（100/100）
⑥ 補装具費支払いの請求（90/100）
⑦ 補装具費の支給

〈代理受領の場合〉
① 補装具費支給申請
①-1 意見照会，判定以来
①-2 意見書の交付，判定書の交付
② 補装具費支給決定（種目・金額）
　　※適切な業者の選定に必要となる情報の提供
③ 契約。「補装具費の代理受領に係る委任状」の作成
③-1 製作指導
③-2 適合判定
④ 補装具の引渡し
❺ 利用者負担額の支払い，補装具費支給券の引き渡し
❻ 補装具費の請求（補装具費支給券を添付）
❼ 補装具費の支給

出所）厚生労働省HPをもとに作成

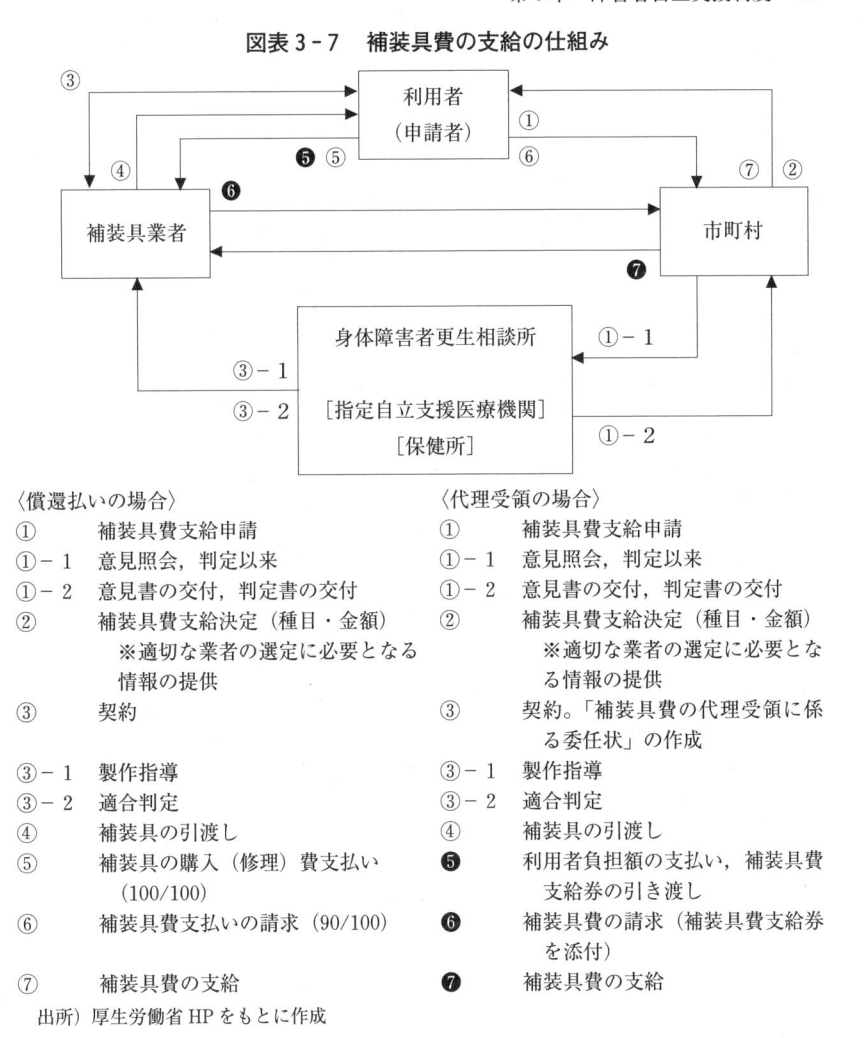

理）した際には，補装具の購入（修理）に要した費用のうち自己負担額のみを事業者に支払い，「補装具費支給券」を事業者に引き渡す。補装具事業者は「補装具費の代理受領に係る委任状」と「補装具費支給券」とを添えて市町村に補装具費を請求する。その請求が正当であると認められた場合，事業者に対して補装具費（基準額の100分の90）が支給される。

① 介護保険制度における福祉用具との適用関係

補装具のうち，車いす，歩行器，歩行補助つえの3種目については，介護保険制度における福祉用具と共通している。そのため，65歳以上の身体障害者であって要介護状態（要支援状態）に該当する者がそれらの補装具の利用を希望した場合，介護保険制度における福祉用具の貸与が優先されるため，補装具費は支給されない。ただし，障害の状態により，オーダーメイド等により個別に製作する必要があると判断される場合は補装具費が支給される。

つまり，要介護者または要支援者で，かつ，身体障害者手帳を所持している場合，標準的な既製品で対応できる場合は，それらを介護保険制度における福祉用具として貸与により利用することができる。一方，標準的な既製品で対応できない場合は個別に製作することとなるため，補装具として購入し，補装具費の支給を受けることとなる。

2）日常生活用具

日常生活用具給付等事業は，1969年に始まった事業であり，身体障害者福祉法や知的障害者福祉法など，根拠法令が多岐にわたっていた。また，国の補助事業としての位置づけであったために，市町村が給付品目や給付金額を自由に設定できる事業であった。

日常生活用具給付等事業は，障害者自立支援法の施行にともない，地域生活支援事業として実施されることとなった。国によるガイドラインが示されているものの，地域生活支援事業は地域の実情等に応じて弾力的に実施する事業であるため，その内容については自治体ごとに異なる部分がある。

この事業は「重度障害者等の日常生活がより円滑に行われるための用具」を給付又は貸与すること等により，障害者および障害児の福祉の増進に資することを目的としている。「厚生労働大臣が定める日常生活上の便宜を図るための用具」として3つの要件および6つの用途・形状（種目）が定められている（図表3-8）。

日常生活用具は3つの要件のすべてを満たし，6つの用途・形状のいずれか

図表 3-8　日常生活用具の要件，用途・形状

| 日常生活用具の要件 |
|---|
| ① 障害者等が安全かつ容易に使用できるもので，実用性が認められるもの |
| ② 障害者等の日常生活上の困難を改善し，自立を支援し，かつ，社会参加を促進すると認められるもの |
| ③ 用具の製作，改良又は開発に当たって障害に関する専門的な知識や技術を要するもので，日常生活品として一般に普及していないもの |

| 日常生活用具の用途・形状 | |
|---|---|
| ① 介護・訓練支援用具 | 特殊寝台，特殊マットその他の障害者等の身体介護を支援する用具並びに障害児が訓練に用いるいす等のうち，障害者等及び介助者が容易に使用できるものであって，実用性のあるもの |
| ② 自立生活支援用具 | 入浴補助用具，聴覚障害者用屋内信号装置その他の障害者等の入浴，食事，移動等の自立生活を支援する用具のうち，障害者等が容易に使用することができるものであって，実用性のあるもの |
| ③ 在宅療養等支援用具 | 電気式たん吸引器，盲人用体温計その他の障害者等の在宅療養等を支援する用具のうち，障害者が容易に使用することができるものであって，実用性のあるもの |
| ④ 情報・意思伝達支援用具 | 点字器，人工喉頭その他の障害者等の情報収集，情報伝達，意思疎通等を支援する用具のうち，障害者等が容易に使用することができるものであって，実用性のあるもの |
| ⑤ 排泄管理支援用具 | ストーマ装具その他の障害者等の排泄管理を支援する用具及び衛生用品のうち，障害者等が容易に使用することができるものであって，実用性のあるもの |
| ⑥ 居宅生活動作補助用具 | 障害者等の居宅生活動作等を円滑にする用具であって，設置に小規模な住宅改修を伴うもの |

出所）厚生労働省告示第529号（平成18年9月29日）をもとに作成

に該当するものとされる。なお，日常生活用具の具体的な品目については市町村が地域の実情に応じて決定することになっているが，国からはガイドラインとして45品目が提示されている。

　希望者は，市町村長に申請し，市町村による給付等の決定後，給付等を受ける。補装具に関しては定率負担が適用されるが，日常生活用具の利用者負担に関しては，市町村の判断によることとされている。

　障害者自立支援法の施行にともない，それまで補装具として交付されていた

用具のうち,「点字器」「頭部保護帽」「人口喉頭」「歩行補助つえ（一本杖のみ）」「収尿器」「ストーマ用装具」が日常生活用具とされた。一方で,「重度身体障害者用意志伝達装置」については補装具とされた。日常生活用品として一般に普及していないものとの条件により,一般に普及している「浴槽（湯沸器）」「パーソナルコンピュータ」は廃止された。

(7) 障害児

従来,障害児施設（知的障害児施設,知的障害児通園施設,盲ろうあ児施設,肢体不自由児施設,重症心身障害児施設）の利用については,児童養護施設等と同様,入所の措置（行政処分）が採られていたが,2006（平成18）年10月より,原則として児童の保護者と施設との契約に基づく制度に変わった。

ただし,施設体系及び施設の利用に関する事務の主体についての変更は行われなかったため,障害児の保護者は,市町村ではなく都道府県に支給申請を行い,支給決定（障害児施設給付費）を受けた後,利用する施設と契約を結ぶこととなる。

なお,保護者による「虐待」や保護者の「所在不明」「精神疾患」といった理由により利用契約の締結が困難な場合には,現在においても児童福祉法に基づく措置（児童福祉法第27条第1項第3号）が適用される。

障害児がその居宅において受けられる障害福祉サービスは,介護給付費に係る「居宅介護」「行動援護」「児童デイサービス」「短期入所（ショートステイ)」「重度障害者等包括支援」の5種類である。

もっとも,障害児については障害程度区分の認定は行われない。その理由としては,「発達途上にあり時間の経過とともに障害の状態が変化すること」「乳幼児期については通常必要となる育児上のケアとの区別が必要なこと」等の検討課題の存在や「直ちに使用可能な指標が存在しないこと」等があげられている。

ただし,介護給付費に係る障害福祉サービスを利用する場合は,障害福祉

サービスごとに規定されている障害程度区分に相当する心身の状態であると認められる必要がある。

## 3．障害者自立支援法の見直し

### (1) 障害者自立支援法施行後3年の見直しについて

障害者自立支援法の附則には，「施行後3年を目途として法律の規定について検討を加え，その結果に基づいて必要な措置を講じる」こととされている。

これを受けて，2008（平成20）年12月に社会保障審議会障害者部会の報告「障害者自立支援法施行後3年の見直しについて」が取りまとめられた。

見直しにあたっては，「当事者中心に考えるべきという視点」「障害者の自立を更に支援していくという視点」「現場の実態を踏まえて見直していくという視点」「広く国民の理解を得ながら進めていくという視点」という4つの視点の必要性が指摘された。

施行後3年の見直しにおいて，対応すべき事項および今後更に検討していくべき事項として報告書に盛りこまれた内容は，相談支援，地域における自立した生活の支援，障害児支援，障害者の範囲，利用者負担，報酬，個別論点（サービス体系，障害程度区分，地域生活支援事業，サービス基盤の整備，虐待防止・権利擁護，精神保健福祉施策の見直し，その他），その他である。このように施策全般にわたり，見直しのための検討が行われた。

### (2) 障害者制度改革推進会議

障害者自立支援法は日本国憲法に違反するとして，全国各地で集団訴訟等が提起された。その過程では，障害福祉サービスに関する費用負担のあり方のみにとどまらず，障害者福祉のあり方そのものについての議論が行われた。その後，2010（平成22）年1月，障害者自立支援法違憲訴訟原告団・弁護団と国（厚生労働省）との間で，障害者自立支援法の廃止と新法の制定等について基本合意文書が取り交わされた。そのため，各地で提訴された障害者自立支援法訴

訟は和解が成立，終結することとなった。

　このうち，利用者負担における当面の措置として，2010（平成22）年4月より低所得の障害者等の利用者負担が無料とされている。

　障がい者制度改革推進会議において，2010（平成22）年4月より総合福祉部会が開催され，障害者に係る総合的な福祉法制として，「障がい者総合福祉法（仮称）」の制定に向けた検討が行われている。

**参考文献**
　内閣府『障害者白書（平成21年版）』日経印刷，2009年
　厚生統計協会『国民の福祉の動向（2009）』廣済堂，2009年
　東京都社会福祉協議会『障害者自立支援法とは…（改訂6版）』東京都社会福祉協議会，2009年

―――――◆読者のための参考図書◆―――――

小澤温編『よくわかる障害者福祉（第3版）』ミネルヴァ書房，2007年
　　障害者福祉に関係するトピックや制度が見開きページでまとめられているため，障害者福祉の概略を理解しやすい。障害者福祉のこれまでと現状をもとに，障害者福祉の今後を考える役にたつ。

ピープルファースト東久留米『知的障害者が入所施設ではなく地域で暮らすための本』生活書院，2007年
　　当事者と支援者のためのマニュアルであるだけに具体的な話題が盛りだくさん。今後の「障がい者総合福祉法（仮称）」のあり方についての示唆にも富む内容である。

内閣府『障害者白書（各年版）』
　　障害者基本法に基づく報告書で，障害者施策の概況等が基礎的なデータとともに記載されている。内閣府ホームページにおいて，全文を閲覧することができる（平成14年版～，平成22年5月現在）ので，必ず目を通しておきたい。

東京都社会福祉協議会『障害者自立支援法とは…（改訂6版）』東京都社会福祉協議会，2009年
　　制度学習用ブックレットと題され，障害者自立支援制度のポイントが図表を交えてコンパクトにまとめられている。制度の改正に応じて改訂等されるが，価格も安く，まずはこの一冊からという書籍である。

東京都社会福祉協議会『障害者就労支援活動事例集』東京都社会福祉協議会，2006年

> 障害者自立支援法においても重視されている障害者の就労支援について，10の支援ポイントと就労支援活動の事例が記載されている。また，障害者雇用に取り組む5つの企業（株式会社ユニクロ等）の事例も記載されている。

『現代思想』34(14)「特集…自立を強いられる社会」青土社，2006年

> 障害者福祉において重視される「自立」。障害者自立支援法の改正においても日本社会における「自立」について再検討する必要がある。「自立」について一から考えるためには，本特集号は有用な一冊となるだろう。

塩見洋介・濱畑芳和『障害者自立支援法活用の手引き—制度の理解と改善のために—』かもがわ出版，2006年

> 審査請求の様式例が記載されていたり，手続きや利用料がチャート化されていたりするなど，実際的な内容である。シリーズ「障害者の自立と地域生活支援」の一冊であり，その他の図書についても目を通しておきたい。

◇ 演習課題
① 自分の住んでいる市町村の障害福祉計画を調べて，実際に読んでみよう。
② 障害福祉計画をもとに，どのような障害福祉サービスが提供されているのかをまとめてみよう。
③ 障害福祉計画をもとに，地域生活支援事業がどのように実施されているのかをまとめてみよう。

❋ 考えてみよう
① 苦情解決制度と利用者の権利擁護のあり方について，エンパワメントやワーカビリティの視点から考えてみよう。
② 利用者の費用負担と事業者に対する報酬のあり方を関連させながら考えてみよう。
③ 「障害の有無にかかわらず，相互に個性の差異と多様性を尊重し，人格を認め合う共生社会」とはどのような社会なのかを具体的に思いえがいてみよう。

❋ **考えてみよう**

① 自分の住んでいる市町村の障害福祉計画を読んで，現在，市町村が抱えている課題を解決するための方法を考えてみよう。
② 苦情解決制度と利用者の権利擁護のあり方について，ワーカビリティの視点から考えてみよう。
③ 利用者の費用負担と事業者に対する報酬のあり方を関連させながら考えてみよう。

# 第4章　専門職の役割と連携・ネットワーキング

障害者が自分らしい地域生活を送るためには，障害者のニーズとサービスの結合・調整，社会資源の改善・開発が必要であり，多種多様な職種や機関間における連携やネットワークが不可欠である。障害者自立支援法では，障害者の自立システムの構築を目指し，施設・事業体系，事業の人員や運営基準を示している。
　ここでは，障害者自立支援法における障害福祉サービス等に携わる専門職種の役割と，地域自立支援協議会をはじめ医療・教育・労働関係機関等の多領域の職種・機関間の連携やネットワーキングの必要性をみていく。

**キーワード**　相談支援専門員，サービス管理責任者，個別支援計画，居宅介護等従業員，自立支援協議会

## 1．障害者自立支援法に基づく主な専門職

　障害者自立支援法では，新たな障害者の自立支援システムの構築をめざし，施設・事業体系を見直し，事業の人員や運営基準を示している。障害者自立支援法の指定事業所における障害福祉サービス等に携わる専門職種は，図表4－1に示すとおりである。それぞれの分野において，障害者の権利を擁護し，利用者のニーズを的確に把握し，支援計画を作成して，関係者が協同して支援する科学的な専門性が必要とされている。療養介護と生活介護には，医師，看護職員（看護師，准看護師または看護補助者）が配置され，就労関係の事業所では職業指導員，就労移行支援事業では就労を推進する就労支援員が配置されている。また，知的障害者と精神障害者の自立訓練（生活訓練）の事業所には，地域移行を推進する地域移行支援員が配置されている。

図表 4-1　主な事業と配置されている主な職種

| 事業 | サービス管理責任者 | サービス提供責任者 | 生活支援員 | 医師 | 看護職員 | 理学・作業療法士 | 指導員または保育士 | 世話人 | 職業支援員 | 就労支援員 | 地域移行支援員 | 管理者 |
|---|---|---|---|---|---|---|---|---|---|---|---|---|
| 居宅介護, 重度訪問介護および行動援護 | | ○ | | | | | | | | | | ○ |
| 療養介護 | ○ | | ○ | ○ | ○ | | | | | | | ○ |
| 生活介護 | ○ | | ○ | ○ | ○ | ○ | | | | | | ○ |
| 児童デイサービス | ○ | | | | | | ○ | | | | | ○ |
| 重度障害者包括支援 | | ○ | | | | | | | | | | ○ |
| 共同生活介護 | ○ | | ○ | | | | | ○ | | | | ○ |
| 共同生活援助 | ○ | | | | | | | ○ | | | | ○ |
| 自立訓練(機能訓練) | ○ | | ○ | | ○ | ○ | | | | | | ○ |
| 自立訓練(生活訓練) | ○ | | ○ | | | | | | | | ○ | ○ |
| 就労移行支援 | ○ | | ○ | | | | | | ○ | ○ | | ○ |
| 就労継続支援A型 | ○ | | ○ | | | | | | ○ | | | |
| 就労継続支援B型 | ○ | | ○ | | | | | | ○ | | | |

出所）障害者福祉研究会監『障害者自立支援法事業者ハンドブック指定基準編』中央法規, 2007年

## (1) 相談支援専門員の役割と実際

**相談支援専門員**は，障害者自立支援法において，障害者が地域で自立した生活を維持，継続するために障害者のニーズを把握し，サービス利用計画を作成し，その計画に沿って，地域の社会資源を活用，改善，開発することによって，総合的かつ効率的に継続してサービスを提供できるよう調整を図り，またモニタリングを行い，障害者が希望する地域生活が実現できるよう支援することを主な役割とする。障害者個々人の地域生活を支援するため，地域における連携を推進する役割も担う。特に地域自立支援協議会とのかかわりが重要となる。

1）相談支援専門員の要件

**相談支援専門員**には，障害特性や障害者の生活実態に関する詳細な知識と経験が必要であることから，①障害者の保健・医療・福祉の分野における相談支援業務および介護などの直接支援業務，あるいは②障害者の就労，教育の分野における相談支援の実務経験を有し，都道府県が実施する「相談支援従事者研修」を受講することで，なることができる。

2）相談支援専門員の役割

「障害者自立支援法に基づく指定相談支援の事業の人員及び運営に関する基準」（平成18年厚生労働省令第173号）の第15条に規定されている相談支援専門員の業務は，以下のとおりである。

① **相談支援専門員**は生活全般に係る相談，サービス利用計画の作成に関する業務を担当する。
② 利用者等に対してサービスの提供方法等について理解しやすいように説明するとともに，ピアカウンセリング等の支援を必要に応じて実施する。
③ 地域のサービス事業者の情報を適正に利用者等に提供する。
④ 利用者の居宅を訪問し，面接によるアセスメントを実施する。
⑤ サービス利用計画の原案を作成する。
⑥ サービス担当者会議を開催し，サービス利用計画の原案内容について意見を聴取する。
⑦ サービス利用計画の原案を利用者等に説明し，文書により同意を得る。
⑧ サービス利用計画を利用者等および利用サービス等の担当者に交付するとともに，市町村へ写しを提出する。
⑨ 月1回以上，利用者の居宅を訪問し，モニタリングする。
⑩ 必要に応じ，サービス利用計画の変更を行う。

3）相談支援専門員の実際

**相談支援専門員**は，年金，補装具費等の一般的な相談支援を行うとともに，複数のサービスを計画的・継続的に利用する必要があり，地域生活支援を希望

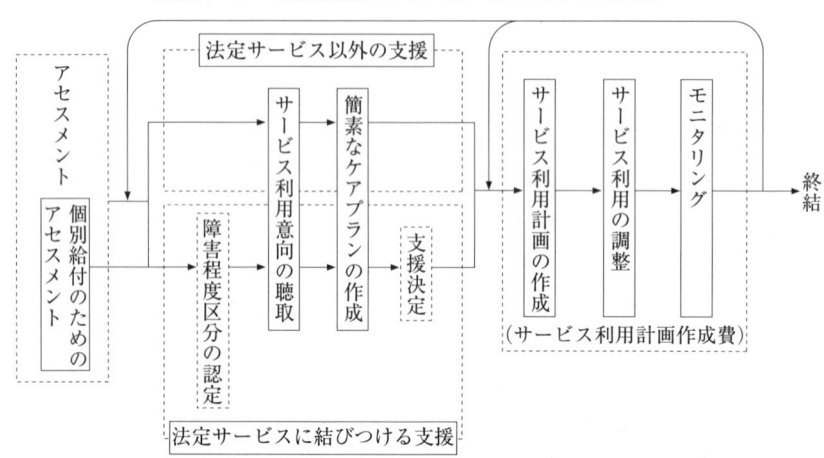

**図表4-2　相談支援のプロセス**（平成21年1月現在）

```
アセスメント
├─ 個別給付のためのアセスメント
│
├─【法定サービス以外の支援】
│   サービス利用意向の聴取 → 簡素なケアプランの作成
│
└─【法定サービスに結びつける支援】
    障害程度区分の認定 → サービス利用意向の聴取 → 簡素なケアプランの作成 → 支援決定
        → サービス利用計画の作成 → サービス利用の調整 → モニタリング → 終結
        （サービス利用計画作成費）
```

出所）『新・社会福祉士養成講座14　障害者に対する支援と障害者自立支援制度』中央法規，2009年

する障害者に対する相談支援をケアマネジメントの手法を用いて行う。

　A　サービス利用計画作成費支給対象者の相談支援

　障害者自立支援法では，障害を有する者のうち特に計画的な自立支援を必要とする者に対して，地域生活を支援するためのサービス利用計画作成費の自立支援給付を規定し，サービス利用計画作成費の支給を行っている。サービス利用計画作成費の支給対象者については，障害者自立支援法施行規則第32条の2にその支給対象者が規定されており，市町村がその決定を行う。

　規則による支給対象者は，以下のとおりである。

① 　障害者支援施設からの退所等に伴い，一定期間，集中的に支援を行うことが必要である者

② 　単身の世帯に属するため，またはその同居している家族等の障害，疾病等のため，自ら指定障害福祉サービス事業者等との連絡調整を行うことが困難である者

③ 　重度障害者等包括支援にかかる支給決定を受けることができる者，のいずれかに該当する障害者を対象としている。

サービス利用計画作成費の支給対象に対する相談支援を相談支援専門員が中心的な役割を担い，図表4-3に示す手順に従いサービス利用の支援を行う。

**図表4-3　サービス利用計画作成費の支給プロセス**（平成21年1月現在）

|  |  |
|---|---|
| 介護給付費等の支給決定 | |
| サービス利用計画作成費の支給申請 | ○申請書の提出・受理（利用者→市町村） |
| 利用者への通知・受給者証記載 | ○通知・受給者証の交付（市町村→利用者） |
| サービス利用計画作成の依頼と契約 | ○サービス利用計画作成依頼届出（利用者→市町村）<br>○重要事項説明・契約（利用者⇔事業者） |
| 課題分析（居宅訪問・面接） | ○事業者が居宅を訪問し面接のうえ，解決すべき課題を把握（事業者→利用者） |
| サービス利用計画の原案作成 | ○利用者等に説明し，同意を得る（事業者→利用者） |
| サービス担当者会議 | ○サービス担当者会議を開催し，サービス事業者等の担当者等から意見を求める。（事業者） |
| サービス利用計画の実施 | ○サービス利用計画を利用者等およびサービス事業者等に交付するとともに，市町村へ写しを提出する。 |
| モニタリング | ○必要に応じて，サービス利用計画の変更，サービス事業者等との連絡調整等を行う。（事業者） |
| 利用者負担額の上限管理 | ○上限額管理が必要な者について実施（事業者） |
| サービス利用計画作成費の請求 | ○請求事務（事業者→市町村等） |

出所）『新・社会福祉士養成講座14　障害者に対する支援と障害者自立支援制度』中央法規，2009年

### B　相談支援専門員の地域活動

相談支援専門員は，障害を有する利用者の地域生活支援の地域連携を推進する役割も担っており，地域自立支援協議会とのかかわりは重要である。

相談支援事業をはじめとする地域のシステムづくりの協議の場である地域自立支援協議会は，福祉サービス利用にかかる相談支援事業の中立・公平性の確保，困難事例への対応のあり方に関する協議・調整，地域の関係機関によるネットワーク構築等に向けた協議，障害福祉計画の作成・具体化に向けた協議等を行う。

相談支援専門員は，困難事例の提供や，社会資源の開発等地域の関係者と連

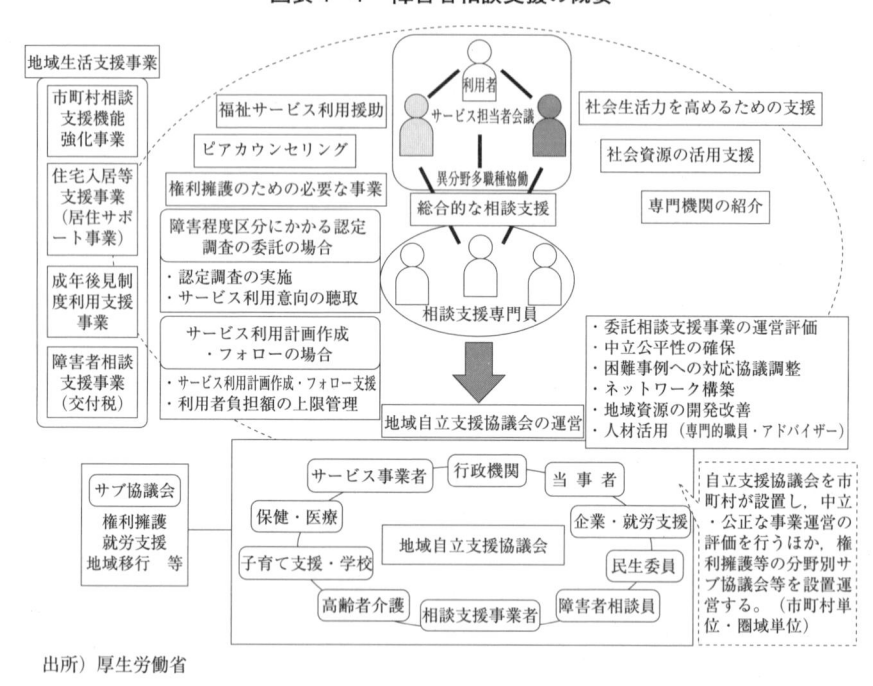

図表 4-4　障害者相談支援の概要

出所) 厚生労働省

携を図りながら，専門職としての業務を行う。

(2) 生活支援員の役割と実際

　障害者自立支援法では，障害を有する人が地域で自立した生活ができるように，必要な福祉サービス等を利用し，安心して暮らせる社会の実現をめざしている。効率かつ効果的に福祉サービスが利用できるよう，利用者のニーズに基づく個別支援計画は重要となる。

　生活支援員は，支援を必要とする利用者の個別支援計画に沿って，利用者の食事・入浴・排泄・余暇活動などの生活に密着した支援にかかわる専門職である。生活介護・施設入所支援・共同生活援助など多くの事業所に配置され，効率かつ効果的な福祉サービス利用を推進するうえで重要な役割を果たしている。

## 1）生活支援員の役割

生活支援員は，支援を必要とする利用者に対して立案された個別支援計画に沿って，食事・入浴・排せつ・余暇活動などの生活支援に中心的にかかわる専門職である。

① 利用者主体によるサービス提供（説明と同意）

家族のニーズやサービス提供者の都合等を優先してサービスが提供されることもあった措置制度（行政処分）とは異なり，障害者自立支援法では，生活支援員にはサービス提供場面において，利用者ニーズを中心においた支援が求められる。また個別支援計画でのサービスの提供方法や責任について明確にし，説明と同意を前提とした仕組みとなっている。

② サービス管理責任者との協働

障害者自立支援法において，生活支援員は事業所全体の掌握するサービス管理責任者と協働し，質の高いサービスを提供することが責務とされている。サービス管理責任者は，サービス提供を行う職員に対して指示命令機能を中心とした役割として位置づけられている。

生活支援員は日々の業務のなかで，充足されにくいニーズなどを整理し，関係者全員に共有化していくような責務を負うことになる。生活支援員や専門職，家族，ボランティアなどと，当事者に近いレベルで，工夫し対応できることと，サービス管理責任者を通じ，事業所全体やその地域全体をも巻き込んで（地域自立支援協議会等），当事者から少し離れた場面で解決していく事柄なのか，判断し報告できる知識や技術を，兼ね備えておく必要がある。

---

**サービス管理責任者**

　個々のサービス利用者の初期状態の把握や個別支援計画の作成，定期的な評価などの一連のサービス提供プロセス全般に関する責任を担い，サービスの質の向上を図る。サービス管理責任者は，個々のサービス利用者の障害特性や生活実態に関する専門的な知識と，個別支援計画の作成・評価などの技術をもち，他のサービス提供職員に対する指導的役割が期待されている。

(3) 居宅介護等のサービス従業者の役割と実際

　入所施設や病院からの地域移行を推し進めるための中核的な支援として，ホームヘルプサービスやガイドヘルプサービスがある。従来，障害種別によって異なる仕組みで提供されてきたが，障害者自立支援法の施行にともない，障害児も含めて一元化され，介護給付のひとつとして再編成された。サービス類型，利用者およびサービス内容などは図表4-5のとおりである。実際に支援を行う従業者は，サービスの類型によって**居宅介護従業者**，重度訪問介護従業者，行動援護従業者，移動支援従業者と称される。

1) 居宅介護事業者の役割

　家族や施設から自立して地域社会で生活する障害を有する者にとって，居宅介護等のサービスは不可欠であり，その支援を居宅介護事業者が担う。居宅介護事業者の具体的な役割は，以下のとおりである。

① 家事援助や身体介護などによって日常生活を維持し，移動支援などによって社会生活の維持・拡張を図ることである（支援の継続性）。

② 生活行為の意味づけは個別であり，たとえ，他者との間に共通点を見出すことができたとしても，まったく同じ生活というものはあり得ない（支援の個別性）。

③ 本人による意味づけの集積として生活様式や生活行動が固有にかたどられ，それらを維持しようとする支援は，本人の主体性によって方向づけられる（支援の主体性）。

2) 居宅介護事業者の実際

　居宅介護事業者には，利用者および障害児の意思及び人格を尊重し，常に利用者及び障害児の立場に立ってサービスの提供を行う。事業の実施にあたっては，関係区市町村，地域の保健・医療サービスを提供する事業者との綿密な連携を図り，総合的で適切な居宅介護の提供に努め，障害者自立支援法及び厚生労働大臣が定める運営基準その他関係法令等を遵守し，事業を実施することが規定されている。これらに基づき，利用者の心身その他の状況，その置かれて

**図表 4-5　障害者自立支援法における居宅介護等サービスの概要**

| サービス類型 | 利用者(注1・2) | | | サービス内容 | 名称 | 事業者指定基準 |
|---|---|---|---|---|---|---|
| | 身体障害者 | 知的障害者 | 精神障害者 | | | |
| 居宅介護 | ○ | ○ | ○ | ・居宅における入浴，排泄，食事などの介護<br>・居宅における調理，洗濯，掃除などの家事<br>・生活などに関する相談，助言<br>・その他生活全般にわたる援助（通院介助や通院等乗降介助も含む） | 居宅介護事業者 | |
| 重度訪問介護 | ○ | | | ・居宅における入浴，排泄，食事などの介護<br>・居宅における調理，洗濯，掃除などの家事<br>・生活などに関する相談，助言<br>・その他生活全般にわたる援助<br>・外出時における移動中の介護 | 重度訪問介護事業者 | 障害者自立支援法に基づく指定障害福祉サービスの事業等の人員，設備及び運営に関する基準 |
| 行動援護 | | ○ | ○ | 外出にかかわる<br>・予防的対応（行動上の困難の引き金となるものが本人の視界に入らないように工夫するなど）<br>・制御的対応（車道への突然の飛び出しなどの行動に対応するなど）<br>・身体介護的対応（外出中に食事をとる場合の介護など） | 行動援護事業者 | |
| 移動支援 | ○ | ○ | ○ | 社会生活上必要不可欠な外出や，余暇活動などの社会参加のための外出の際の移動を支援する | 移動支援事業者 | 地域生活支援事業実施要綱に基づいて，市町村が設定する基準 |

注）1．サービス類型毎に障害程度区分などの利用要件がそれぞれ設定されている。
　　2．重度訪問介護を除くすべてのサービスは障害児も対象とされる。
　　　なお，重度訪問介護は原則的に18歳以上を対象とする。

いる環境等に応じて，その有する能力に応じ自立した日常生活を営むことができるよう，入浴，排せつ及び食事等の介護，調理，洗濯及び掃除等の家事，生

活等に関する相談及び助言，行動する際に生ずる危険を回避するために必要な援護並びに外出時における移動の介護その他生活全般にわたる援助を行う。個々の生活場面において，利用者本人の意思を尊重することが求められるため，意思疎通に困難を伴う重度の知的障害者への支援においても長いかかわりのなかで形成される関係性をもとに，感受性や身体感覚を駆使しながら本人の生活世界に近づこうとする他者理解の技法が要求される。

## 2．他職種連携・ネットワーキング

　障害を有する者が地域で自分らしい生活を実現するには，それぞれの暮らしに合わせた支援体制や多様な生活ニーズへの対応には，地域に点在する支援機関が連携して支援する仕組み（地域ケアシステム）が必要である。病院や施設生活のように，すべての生活支援がひとつの機関で完結することは少なく，しかも乳幼児期，学齢期，成人期，高齢期まで幅広いライフステージにおいて，それぞれの状況のなかで暮らしを成り立たせている現状に合わせた支援が求められる。福祉的支援に加え，医療的支援（治療，リハビリテーション等），療育・教育，就労，子育て支援も含め，ライフステージにおける一貫した支援体制の構築が求められており，地域に存在する支援機関が積み上げた支援の実践，ノウハウを伝達し，断続しない，継続的な支援を提供できる連携が必要とされている。個別支援会議やサービス担当者会議などを通して，障害者の多様なニーズに応じた社会資源の調整や開発を行う相談支援事業の充実，相談支援体制の構築が必要である。

### (1) 他職種連携の意義と基本的な考え方

　障害者自立支援法では，「障害の有無にかかわらず国民が相互に人格と個性を尊重し安心して暮らすことのできる地域社会の実現に寄与することを目的とする」とし，ノーマライゼーションの理念に基づき，障害のある人が普通に暮らせる地域づくりをめざしており，障害者のニーズを充足すべく，地域のさま

ざまな関係者による連携やネットワークの構築が求められている。

地域生活の支援には，複数のサービスを適切に結びつけて調整するとともに，社会資源の改善及び開発を行い，相談支援を通して個別支援計画を作成し，その達成目標に向かって質の高い福祉サービスを提供することが課題となる。これらに携わる者は，協働の場である地域自立支援協議会を中心に，個別支援会議で明らかになる一人ひとりのニーズを地域の課題としてとらえ，支援を実施していくことが重要となる。

発達障害者支援法において規定されていた発達障害者の地域における一貫した支援についても，他の障害者同様に障害者自立支援法第3条第2項に規定され，障害者の状況に応じて適切に，就学前の発達支援，学校における発達支援，その他の発達支援，発達障害者に対する就労支援，地域における生活等に関する支援及び発達障害者の家族に対する支援を効果的・継続的に一貫して行うこととなった。

(2) 他職種連携の実際

生活支援には，就労支援や日中活動支援（職業訓練・機能訓練・生きがい活動等），生活支援（衣食住，余暇，外出・移動，社会参加，介護支援等），財産管理支援（日常金銭管理，財産管理等），相談支援（サービス利用，困りごと，不安等への助言），その他の支援等が準備されている。しかし障害を有する者が地域で生活するにあたり，その生活スタイルには，自宅で家族と暮らす，アパートでのひとり暮らし，グループホーム・ケアホームでの暮らし，入所施設から地域の活動場所に通う等，一人ひとりの生活スタイルや暮らしのありようはさまざまである。このため障害者自立支援法第3条第4項では，医療，保健，福祉，教育，労働などの分野を横断的に，かつ関係者や関係機関との連携やさらに複合的な連携としてのネットワークの構築が求められている。その代表的なものとして，サービス担当者会議，地域**自立支援協議会**がある。

１）サービス利用時における連携（サービス担当者会議）

　介護給付などの支給決定後，市町村または相談支援事業者は，利用者の希望に応じてサービス利用計画(案)を作成する。そのサービス利用計画(案)に基づき，サービス提供事業所の選定やサービス利用のための連絡調整を行い，利用者に最も適切なサービスが提供されるようにサービス担当者会議を開催する。

　サービス担当者会議の目的は，サービス利用計画(案)の内容に対する協議と共有化，サービス利用のモニタリング等である。

　サービス担当者会議の開催は，サービス利用計画の作成段階のみならず，サービス利用計画の初期におけるモニタリング（サービス導入時）段階，継続的モニタリング（サービスの見直し）の段階など，利用者の課題解決に際して重要な役割を果たす。

２）障害者福祉関連分野における連携（地域自立支援協議会）

　障害を有する者等の地域生活を支援していくには，共通目的の達成に向け，情報を共有し，具体的に協働して，地域の関係者によるネットワークを構築することが重要である。障害者福祉関連分野における連携において，地域自立支援協議会は，その中心的な役割が期待されている。

①　共通目的

　　法がめざす「障害のある人が普通に暮らせる地域づくり」について，全員が共通認識をもちながら参加することが必要となる。

②　情報の共有

　　地域の実態や課題等の情報を集約し全員が共有する。地域の実態や課題等を把握し，個別支援会議を地域自立支援協議会の原点として位置づけることが必要である。

③　具体的に協働

　　参加者が抱える実際のケースや地域の課題を持ち寄り（個別支援会議が重要），制度や誰かに依存するのではなく，関係者全員が自らの課題として受け止め，ともに解決し，自分の所では何ができるのか，一歩でも前進

しようという立場で協働していくことが必要で，従来の陳情・要求スタイルからの脱却を図り，共通の目的に向け具体的に協働していくことが重要である。

④ 地域の関係者によるネットワークの構築
- 利用者が抱えるさまざまなニーズへの対応には，保健，医療，福祉，教育，就労等の多分野・多職種による多様な支援を一体的かつ継続的に用意することが必要となる。
- 官と民が協働するシステムを構築する必要がある。
- ネットワークは，支援を必要としている障害者等のために行われる。1事業所だけでは用意できる支援に限界があるため，ネットワークは必要不可欠である。

3）地域生活移行と連携

障害者自立支援法は，障害者が地域で安心して生活することができる地域社会の実現をめざしており，従来の24時間ケア型の入所施設や病院から，地域のグループホームやケアホーム等への生活移行が求められている。

障害者自立支援法第88・89条は，都道府県や市町村に障害福祉計画の作成を義務づけており，都道府県や市町村の障害福祉計画の作成にあたっては国の指針に基づいて行われている。指針では，平成18年度から23年度の5年間に，入所者の1割以上の地域生活への移行が示されている。

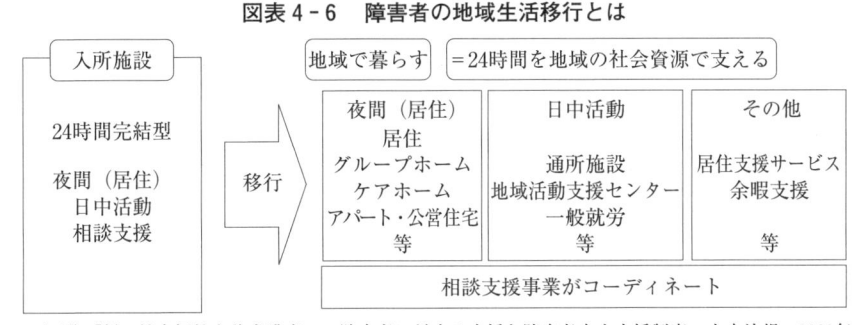

図表4-6 障害者の地域生活移行とは

| 入所施設 | | 地域で暮らす ＝24時間を地域の社会資源で支える | | |
|---|---|---|---|---|
| 24時間完結型<br>夜間（居住）<br>日中活動<br>相談支援 | 移行 | 夜間（居住）<br>居住<br>グループホーム<br>ケアホーム<br>アパート・公営住宅<br>等 | 日中活動<br>通所施設<br>地域活動支援センター<br>一般就労<br>等 | その他<br>居住支援サービス<br>余暇支援<br>等 |
| | | 相談支援事業がコーディネート | | |

出所）『新・社会福祉士養成講座14 障害者に対する支援と障害者自立支援制度』中央法規，2009年

日中活動，余暇活動など支援が充足される傾向にあった施設では，施設内という特定の場所で，施設の職員という特定の人による支援が同一事業者あるいは単独の事業所で行われてきたが，地域における生活支援は，夜間・日中活動・余暇等その他の複数のサービスが調整されて提供される必要がある。障害者の望む生活の実現に向け，複数のニーズを調整し，複数のサービス事業者を集めて，場合によるとインフォーマルなサービスを含めてパッケージとしてサービスを継続的に提供するためには連携やネットワークが必要となる。特に地域生活移行に際しては，障害者にとって生活の環境が変化することであり，十分に配慮された移行計画が必要であり，居住する地域の関係者との調整や連携が必要となる。

(3) 医療・教育・労働関係機関との連携

障害者自立支援法では，障害を有する利用者に医療，保健，福祉，教育，労働等の各機関が一貫した支援を行うように求めており，その実現には関係機関との連携が必要不可欠である。

1）福祉と医療の連携

2004（平成16）年9月に精神保健福祉対策本部が取りまとめた「精神保健医療福祉の改革ビジョン」は，「入院医療中心から地域生活中心へ」改革を進めるため，国民の理解の深化，精神医療の改革，地域生活支援の強化を10年間で進めること，さらに「受入条件が整えば退院可能な者」7万人について10年後の解消を図ることを基本方針としている。精神科病院に入院している精神障害者のうち，症状が安定しており，受入条件が整えば退院可能である者に対し，活動の場を与え，退院のための訓練を行うことにより，社会的自立を促進するための精神障害者退院促進支援事業を実施している。

2）福祉と雇用の連携

障害を有する利用者が地域で自立して生活するためには，一般企業等で就労することも重要な要素であるものの，充分な支援サービスの連携が構築されて

第4章 専門職の役割と連携・ネットワーキング 131

**図表 4-7 精神障害者退院促進支援事業の流れ（イメージ）**

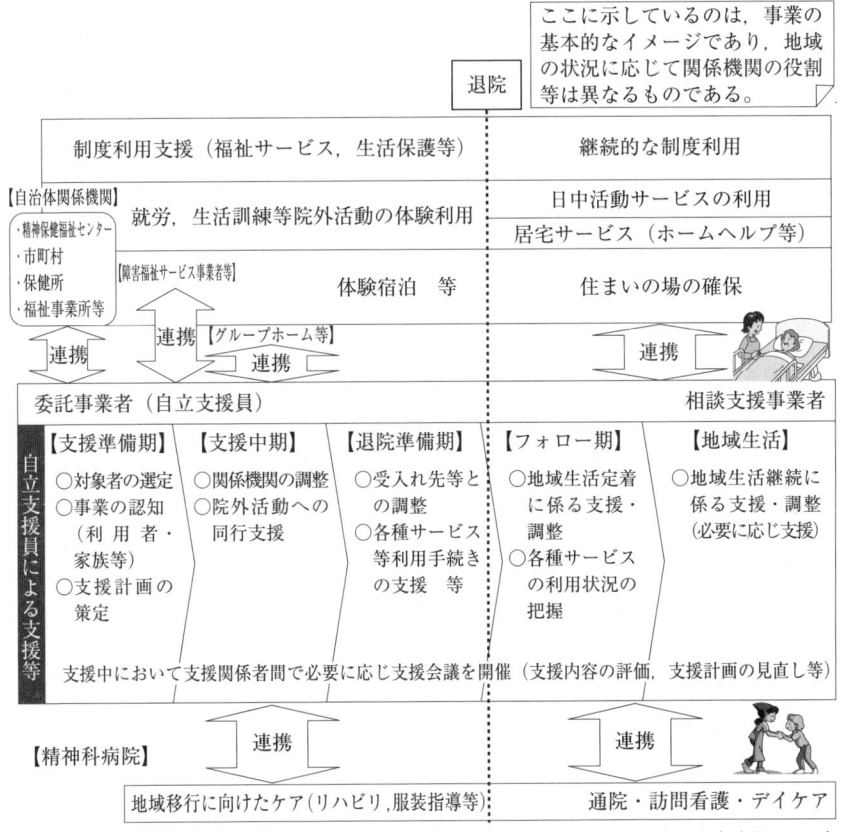

ここに示しているのは，事業の基本的なイメージであり，地域の状況に応じて関係機関の役割等は異なるものである。

退院

【自治体関係機関】
・精神保健福祉センター
・市町村
・保健所
・福祉事業所等

制度利用支援（福祉サービス，生活保護等） ／ 継続的な制度利用

就労，生活訓練等院外活動の体験利用 ／ 日中活動サービスの利用

【障害福祉サービス事業者等】 ／ 居宅サービス（ホームヘルプ等）

体験宿泊　等 ／ 住まいの場の確保

連携　【グループホーム等】　連携　　　　　　　　連携

委託事業者（自立支援員）　　　　　　　　　相談支援事業者

自立支援員による支援等

| 【支援準備期】 | 【支援中期】 | 【退院準備期】 | 【フォロー期】 | 【地域生活】 |
| --- | --- | --- | --- | --- |
| ○対象者の選定<br>○事業の認知（利用者・家族等）<br>○支援計画の策定 | ○関係機関の調整<br>○院外活動への同行支援 | ○受入れ先等との調整<br>○各種サービス等利用手続きの支援　等 | ○地域生活定着に係る支援・調整<br>○各種サービスの利用状況の把握 | ○地域生活継続に係る支援・調整（必要に応じ支援） |

支援中において支援関係者間で必要に応じ支援会議を開催（支援内容の評価，支援計画の見直し等）

連携　　　　　　　　　　　　　　連携

【精神科病院】

地域移行に向けたケア（リハビリ，服装指導等） ／ 通院・訪問看護・デイケア

出所）『新・社会福祉士養成講座14　障害者に対する支援と障害者自立支援制度』中央法規，2009年

きたとはいいがたく，福祉施設から一般就労へ移行する者は毎年1％という状態である。障害者自立支援法では，施設・事業の体系を見直し，障害者のニーズや適性に合わせて，はたらく意欲と能力を育み，雇用に繋げていくため就労移行支援事業が創設された。

就労移行支援事業では，福祉と雇用がネットワークを構築し，障害者のニーズと適性に合った就労支援を行うことになっている。障害者就労・生活支援センター事業は，支援対象者からの相談に応じ，必要な指導及び助言を行い，公

共職業安定所，地域職業センター，障害者雇用支援センター，社会福祉施設，医療施設，特別支援学校その他の関係機関との連携調整その他厚生労働省令で定める援助を行うこととなっている。公共職業安定所との連絡調整においては，休職中の支援対象障害者が公共職業安定所の職業紹介等を受けようとする際に，自らの状況や就職に関する希望等，適切に職業紹介を受けるために必要な事項について公共職業安定所の職員に対して伝えることが困難な場合，センターで把握している内容を情報提供する等，公共職業安定所とのコミュニケーションに必要な支援を行っている。

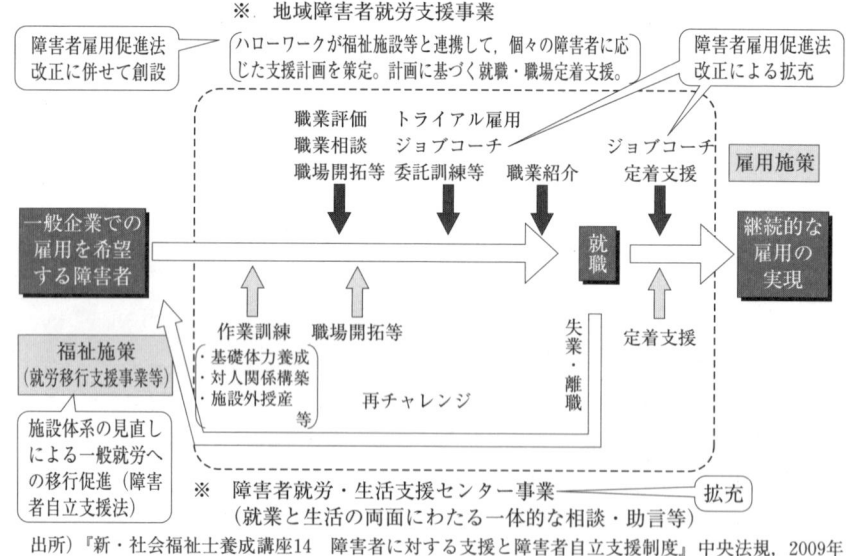

**図表4-8　福祉と雇用の連携による就労支援**

※　地域障害者就労支援事業
（ハローワークが福祉施設等と連携して，個々の障害者に応じた支援計画を策定。計画に基づく就労・職場定着支援。）

障害者雇用促進法改正に併せて創設

職業評価　　トライアル雇用
職業相談　　ジョブコーチ
職場開拓等　委託訓練等　職業紹介

ジョブコーチ
定着支援

障害者雇用促進法改正による拡充

雇用施策

一般企業での雇用を希望する障害者

就職

継続的な雇用の実現

作業訓練　職場開拓等
・基礎体力養成
・対人関係構築
・施設外授産　　再チャレンジ
　等

失業・離職

定着支援

福祉施策
（就労移行支援事業等）

施設体系の見直しによる一般就労への移行促進（障害者自立支援法）

※　障害者就労・生活支援センター事業
　（就業と生活の両面にわたる一体的な相談・助言等）　　拡充

出所）『新・社会福祉士養成講座14　障害者に対する支援と障害者自立支援制度』中央法規，2009年

### 3）福祉と教育の連携

2003（平成15）年3月「今後の特別支援教育の在り方について（最終報告）」では，「障害の程度等に応じ特別の場で指導を行う『特殊教育』から障害のある児童生徒一人ひとりの教育的ニーズに応じて適切な教育的支援を行う『特別支援教育』への転換を図る」とされている。これまで特殊教育の対象でなかっ

第4章　専門職の役割と連携・ネットワーキング

**図表4-9　地域支援体制の確立（発達障害者支援体制整備事業）**

発達障害者の乳幼児期から成人期までの各ライフステージに対応する一貫した支援を行うため，都道府県・指定都市に発達障害の検討委員会を設置するとともに，圏域において個別支援計画の作成等を行うことにより，支援の体制整備を実施する。
（※）　文部科学省の実施する「特別支援教員総合推進事業」と協働して実施する。

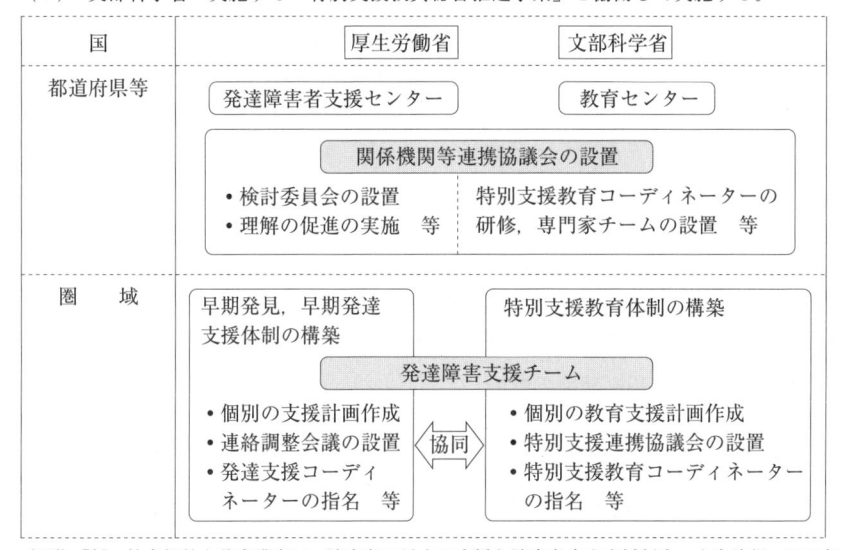

| 国 | 厚生労働省 | 文部科学省 |
|---|---|---|
| 都道府県等 | 発達障害者支援センター | 教育センター |
| | 関係機関等連携協議会の設置 | |
| | ・検討委員会の設置<br>・理解の促進の実施　等 | 特別支援教育コーディネーターの研修，専門家チームの設置　等 |
| 圏　域 | 早期発見，早期発達支援体制の構築 | 特別支援教育体制の構築 |
| | 発達障害支援チーム | |
| | ・個別の支援計画作成<br>・連絡調整会議の設置<br>・発達支援コーディネーターの指名　等 | ←協同→　・個別の教育支援計画作成<br>・特別支援連携協議会の設置<br>・特別支援教育コーディネーターの指名　等 |

出所）『新・社会福祉士養成講座14　障害者に対する支援と障害者自立支援制度』中央法規，2009年

たLD，ADHD，高機能自閉症も含めて支援するものとされている。

　発達障害児（者）の地域における一貫した支援や医療，保健，福祉，教育及び労働の連携をめざす発達障害者支援法が2005（平成17）年4月より施行されているものの，地域での一貫した支援体制づくりが課題となっている。平成17年度から発達障害者の乳幼児期から成人期までの各ライフステージに対応する一貫した支援を行うため，都道府県・指定都市に発達障害の検討委員会を設置するとともに，圏域において個別支援計画の作成などを行うことにより，支援の体制整備をする。文部科学省の「特別支援教育総合推進事業」と協働して実施されており，都道府県や障害福祉圏域や市町村においても，福祉と教育など関係機関の連携の体制が構築されつつある。

## 3. 地域自立支援協議会の役割と活動の実際

　地域の相談支援体制の構築に関して中核的な役割を担う地域自立支援協議会は，障害者自立支援法施行規則65条において，「…訪問等の方法による障害者等，障害児の保護者又は介護者に係る状況の把握，必要な情報の提供及び助言並びに相談及び指導，障害者等，障害児の保護者又は介護者と市町村，指定障害福祉サービス事業者等，医療機関等との連絡調整，地域における障害福祉に関する関係者による連携及び支援の体制に関する協議を行うための会議の設置その他の障害者等，障害児の保護者又は介護者に必要な支援とする」と明記され，その運営と活動が期待されている。

### (1) 地域自立支援協議会の機能

　地域自立支援協議会には，①情報機能（困難事例や地域の現状・課題など

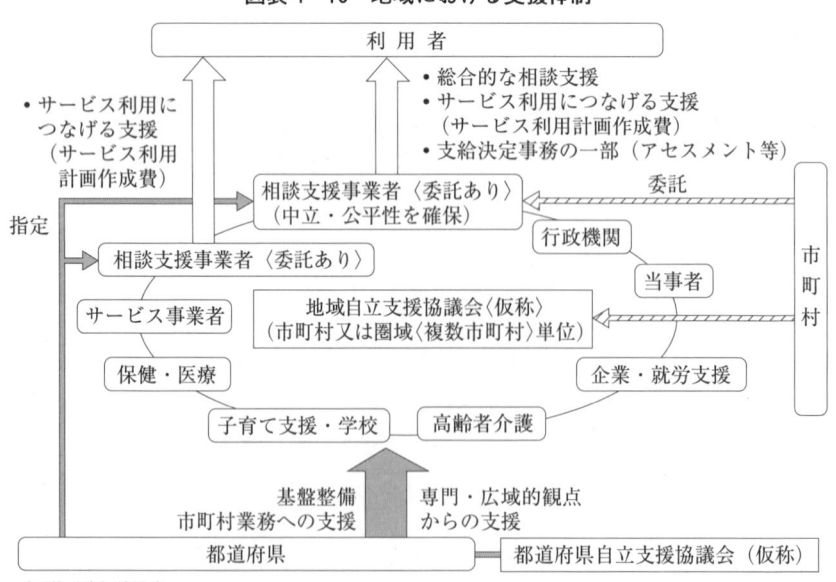

図表4-10　地域における支援体制

出所）厚生労働省

の情報共有と情報発信)，②調整機能（地域の関係機関によるネットワーク構築，困難事例への対応のあり方に対する協議，調整)，③開発機能（地域の社会資源の開発，改善)，④教育機能（構成員の資質向上の場として活用)，⑤権利擁護機能（権利擁護に関する取り組みの展開)，⑥評価機能（中立・公平性の観点から，委託相談支援事業者の運営評価，サービス利用作成費対象者，重度包括支援事業などの評価，市町村相談支援機能強化事業および都道府県相談支援体制整備事業の活用）の6つの機能がある。

これらの機能を活かして，地域**自立支援協議会**は，①中立・公平性を確保する観点から，相談支援事業の運営評価などの実施，②具体的な困難事例への対応のあり方についての指導・助言，③地域の関係機関によるネットワークの構築などの役割があり，市町村の人口規模や地域の実情，社会資源の状況に応じて，重層的に組織化されることが望まれている。

### (2) 地域自立支援協議会の役割

地域**自立支援協議会**は，①個別支援会議，②事務局会議，③定例会議，④専門部会・プロジェクト検討会，⑤全体会議，で構成される重層的なシステムにより，障害を有する者一人ひとりが安心して暮らせる地域づくりをめざしており，サービス担当者会議などの個別支援会議が重要な役割を果たす。

個別支援会議は，障害をもつひとりの市民の地域生活支援に関して，サービス担当者や関係機関がそれぞれの役割などを協議し，障害者の実態や地域の課題，ニーズなどを明らかにしていく（地域診断)。そうした地域の課題やニーズを，地域自立支援協議会の定例会で報告し，専門部会などで分析することで，個別の課題を地域の課題として位置づける。

定例会は実務者レベルの会議であり，相談支援事業者による個別支援会議の報告や相談支援事業の活動内容などの報告を中心に，地域に住む障害者の実態や現状，および地域の現状や課題などに関する情報を共有し協議する。

専門部会では，地域の課題の特性ごとに議論を深める。具体的には，障害別，

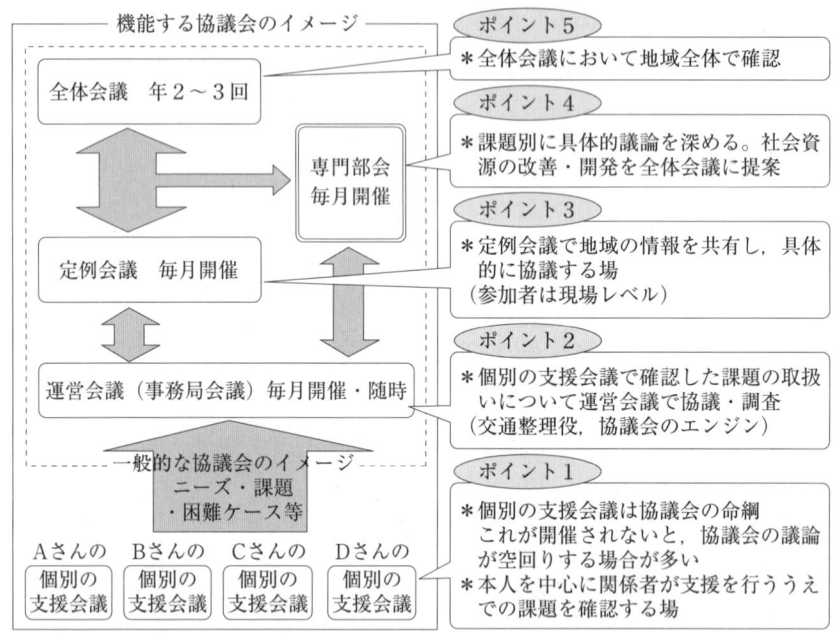

**図表4-11 地域自立支援協議会システム図**

機能する協議会のイメージ

- 全体会議　年2～3回
- 専門部会　毎月開催
- 定例会議　毎月開催
- 運営会議（事務局会議）毎月開催・随時

一般的な協議会のイメージ
ニーズ・課題・困難ケース等

Aさんの個別の支援会議　Bさんの個別の支援会議　Cさんの個別の支援会議　Dさんの個別の支援会議

ポイント5
＊全体会議において地域全体で確認

ポイント4
＊課題別に具体的議論を深める。社会資源の改善・開発を全体会議に提案

ポイント3
＊定例会議で地域の情報を共有し，具体的に協議する場
（参加者は現場レベル）

ポイント2
＊個別の支援会議で確認した課題の取扱いについて運営会議で協議・調査
（交通整理役，協議会のエンジン）

ポイント1
＊個別の支援会議は協議会の命綱　これが開催されないと，協議会の議論が空回りする場合が多い
＊本人を中心に関係者が支援を行ううえでの課題を確認する場

出所）『新・社会福祉士養成講座14　障害者に対する支援と障害者自立支援制度』中央法規，2009年，177ページ

課題別（住居，就労，地域移行など），地域別等の課題特性に応じて設置するものである。全体会は各関係機関や団体の代表者レベルの会議であり，定例会や専門部会などからの報告を受け，地域の課題に関して，政策提言などを協議する場である。

このような地域**自立支援協議会**の個別支援会議，定例会，専門部会，全体会などがうまく進行・運営できるか否かは，事務局会議の協議によるところが大きい。事務局は，市町村のほか，指定相談支援事業者が担当できるが，個別支援会議や相談支援事業者の活動や報告をもとに，地域の課題を集約し，整理・分析する役割や，各会議の内容を，それぞれの部会で共有する役割，会議の開催や運営を担当する役割などを担うことになる。そのため，事務局がいかに全

体を見渡し，それぞれの部会を有機的につなげていくかが地域自立支援協議会の要になるといえる。

　地域自立支援協議会の目的は何か，各会議や部会の目的は何か，その達成のために何が可能かを確認しながら，継続していくことが求められる。

## 参考文献

社会福祉士養成講座編集委員会編『新・社会福祉士養成講座14　障害者に対する支援と障害者自立支援制度　障害者福祉論（第2版）』中央法規，2010年

福祉臨床シリーズ編集委員会編『社会福祉士シリーズ14　障害者に対する支援と障害者自立支援制度―障害者福祉制度　障害者福祉サービス』弘文堂，2009年

障害者福祉研究会監修『障害者自立支援六法（平成21年版）』中央法規，2009年

内閣府『障害者白書（平成22年版）』2010年
　　（http://www8.cao.go.jp/shougai/whitepaper/h22hakusho/zenbun/pdf/index.html）

京極高宣・全国社会福祉協議会編『障害者自立支援法の解説』全国社会福祉協議会，2005年

坂本洋一『図説よくわかる障害者自立支援法（第2版）』中央法規，2008年

厚生労働省社会・援護局「地域生活支援事業の実施について」2006年

曽根直樹「相談支援，地域生活支援事業，地域自立支援協議会」『発達障害研究』第29巻3号，日本発達障害学会，2007年

野中由彦「就労支援における地域障害者職業センターの役割」『地域リハビリテーション』2巻9号，三輪書店，2007年，pp.755-757

◆読者のための参考図書◆

小澤温『よくわかる障害者福祉（第3版）』ミネルヴァ書房，2007年
　　障害者福祉に関係するトピックや制度が見開きページでまとめられているため，障害者福祉の概略を理解しやすい。

東京都社会福祉協議会『障害者自立支援法とは…（改訂2版）』東京都社会福祉協議会，2006年
　　障害者自立支援法のポイントを網羅。サービス内容や申請からサービス開始までの手続き方法，介護給付費支給決定の規準と内容，利用者負担などについて，図解つきで解説している。

障害者生活支援システム研究会編『障害者自立支援法活用の手引き』かもがわ出版，2006年
　障害者自立支援法について網羅的に解説している。

相澤譲治『新・ともに学ぶ障害者福祉―ハンディをもつ人の自立支援に向けて―（改訂版）』みらい，2005年
　障害者福祉に関する基本事項がわかりやすい形で提示されている。障害者福祉におけるアクティビティについても説明されている。

社会福祉法規研究会編『社会福祉六法（平成22年版）』新日本法規出版，2010年
　社会福祉関係の各法を総合的に理解し，各法の条文の理解に役にたつ。

◇ 演習課題
① 自分の住んでいる都道府県の障害者計画を読んでみよう。

※ 考えてみよう
① 相談支援専門員がサービス利用計画に位置づけるように努めなければならないサービスを整理してみよう。
② 自分の住む市町村の障害をもつ利用者を支援する，医療・教育・労働関係機関との連携システムを整理してみよう。

# 第5章　組織・機関の役割

> 障害者自立支援法の実施体制は，国，都道府県，市町村，指定サービス事業者，国民健康保険団体連合会，労働機関，教育機関，ボランティア等によって構築されている。これらの組織や団体等がどのような役割を担い，どのような業務を遂行しているかを理解し，障害者自立支援法のサービス体系全体をつかむことが重要である。

**キーワード**　基本指針の策定，（都道府県・市町村）障害者福祉計画，市町村地域生活支援事業，指定サービス事業者，特別支援教育，学校教育法の改正，特別支援教育コーディネーター

## 1．行政機関の役割

　障害者自立支援法は，障害者の地域生活を支援するために，国をはじめ行政や関係機関との連携を図ることが強調されている。

### (1) 国の役割

　国の責務は，障害者自立支援法2条3項に定められ，市町村および都道府県がこの法律に基づく事業を円滑に実施できるように援助をすることとなっているものの，市町村および都道府県の障害福祉計画の方向性を示す責任等があり，障害者施策の推進において重要な位置づけにある。

> **第2条第3項**
> 　国は，市町村及び都道府県が行う自立支援給付，地域生活支援事業その他この法律に基づく業務が適正かつ円滑に行われるよう，市町村及び都道府県に対する必要な助言，情報の提供その他の援助を行わなければならない。

　国は，介護給付，訓練等給付，自立支援医療および補装具費の給付について

は，全国共通の基準で行われるよう，支給決定やサービスの内容についての基準を定めている。自立支援給付については，市町村が支弁した費用について，障害者等の障害程度区分ごとの人数などを勘案して，算定した額の2分の1（都道府県の負担は4分の1）を，都道府県が支弁した自立支援医療費の2分の1を義務的経費として負担する。

厚生労働大臣は，障害福祉サービス，相談支援および地域生活支援事業の提供体制を整備し，自立支援給付および地域生活支援事業の円滑な実施を確保するための基本指針を定め，公表することとされている。また国は，市町村または都道府県が障害福祉計画に定められた事業を円滑に実施できるように，必要な助言などの援助に努めるものとされている。

---

**基本指針において定められる主な事項**
① 障害福祉サービスおよび相談支援の提供体制の確保に関する基本的事項
② 市町村障害福祉計画および都道府県障害福祉計画の作成に関する事項
③ その他自立支援給付および地域生活支援事業の円滑な実施を確保するために必要な事項

---

(2) 都道府県の役割

都道府県の責務は，障害者自立支援法2条2項に定められており，都道府県の役割には，市町村の行う自立支援給付および地域生活支援事業が円滑に行われるよう助言や情報提供を行うこと，専門的な知識や技術を要する相談や指導を行うことなどがある。また市町村との連携のなかで都道府県地域生活支援事業の展開や**都道府県障害福祉計画**を策定することなどが求められている。

---

**第2条第2項**
① 市町村が行う自立支援給付及び地域生活支援事業が適正かつ円滑に行われるよう，市町村に対する必要な助言，情報の提供その他の援助を行うこと。
② 市町村と連携を図りつつ，必要な自立支援医療費の支給及び地域生活支援事業を総合的に行うこと。

> ③ 障害者等に関する相談及び指導のうち，専門的な知識及び技術を必要とするものを行うこと。
> ④ 市町村と協力して障害者等の権利の擁護のために必要な援助を行うとともに，市町村が行う障害者等の権利の擁護のために必要な援助が適正かつ円滑に行われるよう，市町村に対する必要な助言その他の援助を行うこと。

1）都道府県障害福祉計画

都道府県は，**市町村障害福祉計画**の達成のため，各市町村を通じる広域的な見地から，障害福祉サービス，相談支援及び地域生活支援事業の体制の確保に関する計画（都道府県障害福祉計画）を定めることになっている（89条）。この計画に定める事項は，次のとおりである。

① 区域ごとの各年度における障害福祉サービスまたは指定相談支援の種類ごとの必要な量の見込み
② 区域ごとの指定障害福祉サービスまたは指定相談支援の種類ごとの必要な見込み量の確保のための方策
③ 区域ごとの指定障害福祉サービスまたは指定相談支援に従事する者の確保または資質の向上のために講ずる措置に関する事項
④ 各年度の指定障害者支援施設の必要入所定員総数
⑤ 指定障害者支援施設の施設障害福祉サービスの質の向上のために講ずる措置に関する事項
⑥ 地域生活支援事業の種類ごとの実施に関する事項
⑦ その他障害福祉サービス，相談支援および都道府県の地域生活支援事業の提供体制確保に関し必要な事項

2）都道府県地域生活支援事業

障害者自立支援法では，国や都道府県による財政援助のもとで行われる，主に市町村が中心となり実施する地域密着型のサービスが体系化されている。この地域密着型のサービスを総称して「地域生活支援事業」といい，都道府県と市町村のもつ機能や特徴から，それぞれの実施する事業が分けられている。こ

のうち，都道府県が実施する事業を「**都道府県地域生活支援事業**」，市町村が実施する事業を「**市町村地域生活支援事業**」という。

都道府県地域生活支援事業は，都道府県の必須事業として「専門性の高い相談支援事業」及び「広域な対応が必要な事業」，都道府県の判断により実施できる事業として「サービス・相談支援者，指導者育成事業」「その他の事業」がそれぞれ体系化されている。実施主体は，都道府県（発達障害者支援センターについては指定都市を含む）であるが，指定都市，中核市または団体などに事業の全部または一部を委託することができる。

**図表5-1　都道府県が行う地域生活支援事業**

| 必須事業 | 専門性の高い相談支援事業<br>・障害児等療育支援事業<br>・発達障害者支援センター運営事業<br>・障害者就業・生活支援センター事業<br>・高次脳機能障害支援普及事業<br>広域的な支援事業<br>・都道府県自立支援協議会<br>・都道府県相談支援体制整備事業 | 任意事業 | サービス・相談支援者，指導者育成事業<br>・障害程度区分認定調査員等研修事業<br>・相談支援従事者研修事業<br>・サービス管理責任者研修事業など<br>その他の事業<br>都道府県は，地域の実情を勘案して，市町村に代わって**市町村地域生活支援事業**の一部を行うことができる。 |
|---|---|---|---|

### 3）都道府県の役割

都道府県は，障害福祉サービス事業者，障害者支援施設及び自立支援医療機関などの指定を行い，これらの事業者に対し指導・監査を実施し，基準に従って適正な運営がされていないときには，基準を遵守するよう勧告・命令する。事業所が不正な手段により指定を受けた場合や障害福祉サービスに関して不正または著しく不当な行為をした場合などには，指定の取消しや効力の一部停止をする。また自立支援医療のうち育成医療および精神通院公費については，従前どおり都道府県がサービスの提供主体となっている。これらのサービスについては，障害者等からの申請に基づく支給の認定および変更ならびに取消しなどを行う。

> **都道府県の主な役割**
> ① 育成医療，精神通院医療の支給決定
> ② 市町村への支援（市町村審査会の共同設置や運営への助言，介護給付費などの要否決定などに関する意見，更生医療と補装具費の支給決定にあたっての判定）
> ③ 都道府県地域生活支援事業の実施
> ④ 障害福祉サービス事業者などの指定（6年ごとの更新）
> ⑤ 都道府県障害福祉計画の策定
> ⑥ 審査請求および障害者介護給付費等不服審査会の設置（任期3年）

A　市町村への支援

都道府県は，市町村審査会を共同設置しようとする市町村の求めに応じ，市町村相互間の調整を行う。また市町村審査会を共同設置した市町村に対し，その円滑な運営が確保されるように技術的な助言などの援助を行う。

市町村は，介護給付費等の支給要否決定などを行うにあたって，都道府県の機関である身体障害者更生相談所，知的障害者更生相談所，精神保健福祉センターまたは児童相談所の意見を聴くことができるとされている。

なお，自立支援医療（更生医療に関するものに限る）に関する支給認定及び補装具費の支給決定（義肢・装具など一定の種目に関するものに限る）を行うにあたっては，市町村は，身体障害者更生相談所の判定を求めることとされている。

① 身体障害者更生相談所及び知的障害者更生相談所

都道府県は，身体障害者更生相談所および知的障害者更生相談所を設けなければならない。これらの更生相談所は，措置に関する市町村相互間の連絡調整等，専門的な知識及び技術を必要とする相談及び指導，ならびに医学的，心理学的及び職能的判定を行う。障害者自立支援法においては，介護等給付費等の支給決定や障害程度区分の認定を行うにあたって必要があるときは，市町村は身体障害者更生相談所または知的障害者更生相談所等の意見を聴くことができることとされている。

身体障害者更生相談所及び知的障害者更生相談所には，身体障害者福祉司及び知的障害者福祉司をおかなければならない（市町村の福祉事務所にも，身体障害者福祉司及び知的障害者福祉司をおくことができる）。身体障害者福祉司及び知的障害者福祉司は，社会福祉主事たる資格を有し福祉に関する事業に2年以上従事した者が，医師，社会福祉士等のなかから任用される。

② 精神保健福祉センター

都道府県は，精神保健の向上及び精神障害者の福祉の増進を図るための機関として精神保健福祉センターを設置する。精神保健福祉センターは，以下の業務を行う。

- 精神保健及び精神障害者の福祉に関する知識の普及，及び調査研究
- 精神保健及び精神障害者の福祉に関する相談及び指導のうち複雑・困難なもの
- 自立支援医療の支給認定（精神障害者にかかるものに限る）に関する事務のうち専門的な知識及び技術を必要とするもの

B 障害福祉サービス事業者等の指定

都道府県知事は，障害福祉サービス事業者，障害者支援施設及び相談支援事業者からの申請により，各事業や施設の指定を行う。これらの指定は，6年ごとに更新を受けなければ効力を失う。

なお，申請者が以下のような条件に該当する場合は，指定をしてはならない。

① 申請者が法人でないとき（療養介護に関する指定申請を除く）
② 事業所の従業者の知識及び技能並びに人員が，基準を満たしていないとき
③ 申請者が設備及び運営に関する基準に従って適正な事業運営をすることができないとき
④ 申請者が禁錮以上の刑に処せられ，その執行を終わり，または執行を受けることがなくなるまでの者であるとき
⑤ 申請者が指定を取り消されてから5年を経過しない者であるとき

特定障害福祉サービス（生活介護及び就労継続支援B型）及び障害者支援施

設については，都道府県障害福祉計画における必要量にすでに達しているか，あるいは指定によって超える場合には指定しないことができる。この場合の必要量は，障害者支援施設については都道府県全体，特定障害福祉サービスについては，都道府県全体または障害者自立支援法第89条第2項第1号によって定められた区域ごとに算定する。

指定を受けた後に，特定障害福祉サービスの量，または指定障害者支援施設の入所定員を増加しようとするときは，あらかじめ，都道府県知事に指定の変更を申請しなければならない。

C 指定事業者等に対する調査，勧告，命令等

都道府県知事は，指定障害福祉サービス事業者，指定障害者支援施設等の設置者または指定相談支援事業者（以下，「指定事業者」という）等に対し，報告もしくは帳簿書類などの提出や提示を命じ，出頭を求め，または関係者に対して質問し，事業所に立ち入り，その設備や帳簿書類などを検査することができる。

都道府県知事は，指定事業者が従業者の知識や技能または人員についての基準に適合しておらず，または設備及び運営に関する基準に従って適正な事業運営をしていないときは，期限を定めて，これらの基準を遵守すべきことを勧告することができる。また勧告を受けた指定事業者が，期限内にこれに従わなかったときは，その旨を公表することができる。さらに，勧告を受けた指定事業者が正当な理由なく勧告にかかる措置をとらなかったときは，措置をとるべきことを命ずることができる。

D 指定の取消し等

都道府県知事は，指定事業者が次のいずれかに該当する場合は，指定を取消し，または期間を定めて指定の全部もしくは一部の効力を停止することができる。

① 指定事業者が，指定を受けられない条件にあてはまったとき

② 指定事業者が，障害者の人格を尊重せず，障害者自立支援法等に基づく

命令を遵守せず，または障害者等のために忠実に職務を遂行しなかったとき
③　介護給付費または訓練等給付費等の請求に関し不正があったとき
④　指定事業者が，報告または帳簿書類などの提出や提示を命ぜられたにもかかわらず，従わない，または虚偽の報告をしたとき
⑤　指定事業者または従業者が，出頭に応ぜず，質問に答弁せず，もしくは虚偽の答弁をし，または検査を拒み，妨げ，もしくは忌避したとき
⑥　指定事業者が，不正の手段により指定を受けたとき
⑦　指定障害福祉サービス事業者が，障害者自立支援法，児童福祉法，介護保険法，医師法など，またはこれらの法律に基づく命令もしくは処分に違反したとき
⑧　指定事業者が，障害福祉サービスに関し不正または著しく不当な行為をしたとき

　E　自立支援医療機関の指定

都道府県知事は，医療機関からの申請により自立支援医療機関の指定を行う。その申請の内容が以下のいずれかに該当するときは，指定をしないことができる。

①　申請にかかる病院，診療所または薬局が健康保険法に規定する保険医療機関，保険薬局または訪問看護ステーション等でないとき
②　申請にかかる医療機関が自立支援医療費の支給に関し，診療または調剤の内容の適切さを欠くおそれがあるとして指導または勧告を受けたものであるとき
③　申請にかかる医療機関が指定自立支援医療機関として著しく不適当であるとき
④　申請者が，5年以内に自立支援医療に関し不正または著しく不当な行為をした者であるとき

なお，政令指定都市は自立支援医療のうち育成医療および精神通院公費について，中核市は育成医療について，指定自立支援医療機関の指定等の業務を行

う。

F　指定自立支援医療機関への指導等

都道府県知事は，指定自立支援医療機関に対し，指定障害福祉サービス事業者の場合と同様に検査等を実施することができる。また，自立支援医療費の支払いの一時差止め，規定を遵守すべきことの勧告，命令などをすることができる。さらに，指定自立支援医療機関が，指定を受けられない条件に該当したときや，請求に関し不正があったときなど，一定の条件に該当するときには，その指定を取消し，または期間を定めてその指定の全部もしくは一部の効力を停止することができる。

G　審査請求および障害者介護給付費等不服審査会の設置

市町村の介護給付費等にかかる処分に不服がある障害者等は，都道府県知事に対して審査請求をすることができる。都道府県知事は，審査請求の事件を取り扱わせるため，条例により障害者介護給付費等不服審査会をおくことができる。障害者介護給付費等不服審査会には必要な数の合議体を設置し，合議体を構成する委員の定数は5人を標準として都道府県が定める。委員は，人格が高潔であって，介護給付費等に関する処分の審理に関し公正かつ中立な判断をすることができ，かつ，障害者等の保健または福祉に関する学識経験を有する者のうちから都道府県知事が任命し，その任期は3年である。

(3)　市町村の役割

障害福祉サービスの実施主体は，これまで段階的に都道府県から市町村へ移されてきたものの，一部のサービスでは都道府県が実施主体となってきたため，利用者の混乱を来していた。障害者自立支援法では，市町村にサービス提供に関する事務を一元化し，利用者に身近な市町村が中心となりサービスを提供することになった。市町村は，障害者自立支援法2条1項においてその責務が規定され，その責務遂行が市町村の果たす最も大きな役割となっている。

第2条第1項
① 障害者が自ら選択した場所に居住し，又は障害者若しくは障害児がその有する能力及び適性に応じ，自立した日常生活又は社会生活を営むことができるよう，当該市町村の区域における障害者等の生活の実態を把握した上で，公共職業安定所その他の職業リハビリテーションの措置を実施する機関，教育機関その他の関係機関との緊密な連携を図りつつ，必要な自立支援給付及び地域生活支援事業を総合的かつ計画的に行うこと。
② 障害者等の福祉に関し，必要な情報の提供を行い，並びに相談に応じ，必要な調査及び指導を行い，並びにこれらに付随する業務を行うこと。
③ 意思疎通について支援が必要な障害者等が障害福祉サービスを円滑に利用することができるよう必要な便宜を供与すること，障害者等に対する虐待の防止及びその早期発見のために関係機関と連絡調整を行うことその他障害者等の権利の擁護のために必要な援助を行うこと。

1）市町村の役割

障害者自立支援法が施行される以前は，サービスの種類によって提供主体が県と市町村とに分かれていた。障害者自立支援法によって，障害のある人にとって最も身近な自治体である市町村が，責任をもってサービスを提供するよう，サービスの提供主体が市町村に一元化された（ただし，自立支援医療のうち，育成医療および精神通院公費については従前どおり都道府県がサービスの提供主体になっている）。

障害者自立支援法における市町村の主な役割
① 介護給付費，訓練等給付費，サービス利用計画作成費，自立支援医療費および補装具費等の支給決定等
② 支給決定等に伴う障害程度区分の認定
③ 市町村地域生活支援事業の実施
④ 市町村障害福祉計画の策定
⑤ 支給決定障害者等および指定事業者に対する調査等

A　市町村障害福祉計画

　市町村は，厚生労働大臣が定めた基本指針に即して，障害福祉サービス，相談支援及び地域生活支援事業の提供体制の確保に関する市町村障害福祉計画を定める。

　なお，市町村及び都道府県は，障害福祉計画とは別に，障害者基本法9条に基づく障害者計画を策定している。2つの計画は，市町村及び都道府県における障害福祉サービスにかかわる基本計画としての「障害者計画」，生活支援実施計画としての「障害福祉計画」という性格・位置づけになっている。

---

**市町村障害福祉計画に定められる事項**
① 各年度における指定障害者福祉サービスまたは指定相談支援の種類ごとの必要な量の見込み
② 指定障害福祉サービスまたは指定相談支援の種類ごとの必要な見込み量の確保のための方策
③ 地域生活支援事業の種類ごとの実施に関する事項
④ その他障害福祉サービス，相談支援および市町村の地域生活支援事業の提供体制の確保に関し必要な事項

---

B　市町村地域生活支援事業

　地域生活支援事業のうち，市町村（指定都市，中核市，特別区を含む）が実施主体となり行う事業を**「市町村地域生活支援事業」**といい，複数の市町村が連携し広域的に実施することもできる。事業の全部または一部を団体などに委託することができる一方で，都道府県が地域の実情を勘案し，市町村に代わって一部を実施することもできる。事業内容は，相談支援事業，コミュニケーション支援事業，日常生活用具給付等事業，移動支援事業，地域活動センター機能強化事業が必須事業として行われる。また市町村の判断により福祉ホーム事業，日中一時支援事業などを実施することができる。

　市町村が行う地域生活支援事業に要する費用等については，国は2分の1以内（県は4分の1以内）を予算の範囲内で補助することができる。

図表5-2　市町村が行う主な地域生活支援事業

| 必須事業 | 相談支援事業 | 任意事業 | その他の事業 |
|---|---|---|---|
| | コミュニケーション支援事業 | | ・福祉ホーム事業 |
| | 日常生活用具給付事業 | | ・盲人ホーム事業 |
| | | | ・訪問入浴サービス事業 |
| | 移動支援事業 | | ・知的障害者職親委託制度 |
| | 地域活動支援センター | | ・日中一時支援事業　など |

C　支給決定等に関する事務

　市町村は，介護給付費，訓練等給付費，自立支援医療費および補装具費等の支給決定を行う。支給決定は，障害者等の居住地の市町村が行うが，障害者等が居住地を有していないか明らかでないときは，障害者等の現在地の市町村が行う。

　なお，精神通院公費に関する自立支援医療については，市町村を経由して都道府県に申請することとされている。

　障害者等から介護給付費等の申請があったときは，市町村は障害者等の心身の状況や環境について調査をして，支給要否決定を行う（介護給付費の場合は障害程度区分の認定を行ってから支給要否決定を行う）。この場合において，市町村は，調査を指定相談支援事業者等に委託することができる。

　障害程度区分の認定は，市町村審査会の審査および判定に基づいて行う。また，支給決定を行うにあたって，必要があるときは市町村審査会，身体障害者更生相談所，知的障害者更生相談所，精神保健福祉センターまたは児童相談所に意見を聴くことができる。

　なお，自立支援医療（更生医療に関するものに限る）に関する支給認定及び補装具費の支給決定（義肢・装具など一定の種目に関するものに限る）を行うにあたっては，身体障害者更生相談所の判定を求めることとされている。

D　障害者等および指定事業者に対する調査等

　市町村は，自立支援給付にかかる障害者等に対し，報告もしくは文書などの提出や提示を命じ，または質問することができる。また障害福祉サービス，相

談支援，自立支援医療，療養介護医療または補装具の販売・修理を行う者等に対し，報告もしくは文書などの提出や提示を命じ，または質問し，もしくは事業所や施設に立ち入ってその設備や帳簿書類などを検査することができる。

市町村は，指定障害福祉サービス事業者等が，各事業の設備及び運営に関する基準等に従って適正な運営をしていないときは，その旨を都道府県知事に通知しなければならない。また，指定自立支援医療機関が良質かつ適切な自立支援医療を行っていないときは，その旨を所在地の都道府県知事に通知しなければならない。

① 大都市等の特例

従前の制度では，いわゆる政令指定都市は，ほぼ都道府県と同様の事務を行うこととされていた。障害者自立支援法においては，政令指定都市は，ほぼ一般の市町村と同様の扱いとなっており，費用負担についても特別な扱いはされていない。ただし，政令指定都市は自立支援医療のうち育成医療および精神通院公費について，中核市は育成医療について，都道府県と同様に支給認定等や指定自立支援医療機関の指定等の業務を行う。

E その他の法律における役割

① 障害福祉サービス，障害者支援施設等への入所等の措置

障害者自立支援法によるサービス提供は，障害福祉サービス事業所と障害者等との契約に基づいて行われる。しかし，やむを得ない事由があるときには，市町村の措置によるサービス提供ができる旨の規定が，身体障害者福祉法及び知的障害者福祉法におかれている。

② 成年後見開始の審判請求

市町村長は，知的障害者および精神障害者につき，その福祉を図るため特に必要があると認めるときは，民法に定める成年後見開始の審判の請求をすることができる。

## 2．相談支援事業所の役割と活動の実際

相談支援事業（障害者相談支援事業）は，都道府県及び市町村が実施する地域生活支援事業のひとつに位置づけられ，「障害者等，障害児の保護者又は障害者等の介護を行う者などからの相談に応じ，必要な情報の提供等の便宜を供与することや，権利擁護のために必要な援助を行うことにより，障害者等が自立した日常生活又は社会生活を営むことができるようにすること」（障害者自立支援法77条）を目的としている。

相談支援事業は，市町村の行う相談，情報提供・助言，連絡調整及び地域のネットワーク作りなどからなる「一般的な相談支援」と，都道府県の行う基盤整備，高い専門性や広域的対応を要するもの，障害児の療育支援などからなる「専門・広域的な支援」に分けられる。

### (1) 相談支援事業所の役割

相談支援事業所とは，障害者自立支援法5条17項に規定されている相談支援事業を行う事業所のことを指す。実施主体は市町村であるが，相談支援事業者に業務を委託（指定相談支援事業者）できる。委託を受けた者を含め，相談支援事業を実施する者（以下「相談支援事業者」）は，福祉サービス利用の一連のプロセスのなかで多くの役割を担っている。

① 福祉サービスの利用援助
　情報提供，相談，アセスメント，ケア計画の作成，サービス調整，モニタリング，個別ケース会議など
② 社会資源を活用するための支援…各種施策に関する助言・指導など
③ 社会生活力を高めるための支援…人間関係，健康管理，金銭管理など
④ ピアカウンセリング
⑤ 専門機関の紹介

また，相談支援事業者は，地域自立支援協議会のネットワークのひとつとし

て機能している。市町村，他の相談支援事業者，サービス事業者，保健・医療，子育て支援・学校，障害者相談員などと連携を取りながら利用者のライフステージに則した相談支援を実施している。

　この地域自立支援協議会は，地域生活支援事業の市町村相談支援機能強化事業に位置づけられる。地域の障害福祉のシステム作りに関する中核的な協議の場として市町村が設置するものであり，市町村，相談支援事業者，サービス事業者，保健・医療，子育て支援・学校，障害者相談員などにより構成されている。

　特に，相談支援事業者に事業を委託している市町村における地域自立支援協議会では，中立・公平性を確保する観点から，①相談支援事業の運営評価などの実施，②具体的な困難事例への対応のあり方について指導・助言，③地域の関係機関によるネットワークの構築が求められている。

### (2) 相談支援事業所の活動の実際

　相談支援事業の実施は，市町村直営・指定相談支援事業者委託・市町村直営＋委託などの形態により，すべての市町村において実施されているものの，地域障害者自立支援協議会の設置は，半数（2007（平成19）年12月現在）にとどまり，自治体ごとで機能にも差が生じている。都道府県自立支援協議会についても7割程度（2007（平成19）年12月現在）にとどまっており，相談支援事業者の必要とするネットワークの構築は喫緊の課題となっている。

### 3．医療・教育・労働関係機関の役割

　多種多様な生活ニーズを有する利用者に対応するには，地域に点在する支援機関が連携して支援する仕組み（地域ケアシステム）が必要であり，生活支援を一機関で完結するのは稀である。乳幼児期から高齢期まで幅広いライフステージにも対応し，福祉的支援，医療的支援，療育・教育，就労，子育て支援も含め，ライフステージにおける一貫したトータルな支援体制が求められてい

る。

(1) 指定自立支援医療機関の役割

　障害者自立支援法による自立支援医療を受ける場合は，所在地の都道府県知事等の指定を受けている指定自立支援医療機関から，通院先や薬局を選定し，選定された医療機関でのみ受給することができる。

　自立支援医療機関の指定は，医療の種類（育成医療・更生医療・精神通院）ごとに行われ，育成・更生医療を担当する医療機関の指定は，都道府県・政令指定都市・中核市が行い，精神通院を担当する医療機関の指定は，都道府県・政令指定都市が行う。指定を受けた指定自立支援医療機関は，自立支援法第61条の規定や指定自立支援医療機関療養担当規定に基づき良質かつ適切な医療を実施する責務を負う。

　指定医療機関の基本指定要件には，指定自立支援医療機関療養担当規定（精神通院医療）（平成18年厚生労働省告示第66号）に基づき，懇切丁寧な自立支援医療が行える医療機関又は事業所であること。患者やその家族の要望に応えて，各種医療・福祉制度の紹介や説明，カウンセリングの実施等が行える体制が整備されていることが規定されており，病院・診療所，薬局，訪問看護事業者等ごとに個別の要件が規定されている。

　1）病院又は診療所の指定要件

・自立支援医療を行うため，担当しようとする精神医療について，その診断及び治療を行うに当たって，十分な体制を有しており，適切な標榜科が示されていること。

・指定自立支援医療を主として担当する医師が，次に掲げる要件を満たしている保険医療機関であること。

　ただし，当該保険医療機関における精神障害を有する者に対する医療の体制，当該保険医療機関の地域における役割等を勘案し，指定自立支援医療機関として指定することが適当と認められる病院又は診療所についてはアのみ

を満たしていることとする。

　　ア　当該指定自立支援医療機関に勤務（非常勤を含む）している医師であること。
　　イ　保険医療機関における精神医療についての診療従事年数が，医籍登録後通算して，3年以上であること。

　また，精神医療についての診療従事年数には，てんかんについての診療を含み，臨床研修期間中に精神医療に従事していた期間も含むものであること。

2）薬局の指定要件

・複数の医療機関からの処方箋を受け付けている保険薬局であり，かつ，十分な調剤実務経験のある薬剤師を有していること。なお，新規開局する保険薬局にあっては，当該薬局における管理薬剤師が過去に他の指定自立支援医療機関において，管理薬剤師としての経験を有している実績があり，かつ，当該薬局に十分な調剤実務経験のある薬剤師を有していること。

3）訪問看護事業者等の指定要件

・健康保険法（大正11年法律第70号）第88条第1項に規定する指定訪問看護事業者若しくは介護保険法（平成9年法律第123号）第41条第1項に規定する指定居宅サービス事業者（同法第8条第4項に規定する訪問看護を行う者に限る）にあっては，療養規定に基づき，適切な訪問看護等が行える事業所であること。また，そのために必要な職員を配置していること。

(2)　国民健康保険団体連合会の役割

　国民健康保険団体連合会は，国民健康保険法第83条に基づく法人で，47都道府県すべてに設立されている。都道府県知事の認可によって成立し，診療報酬の審査支払業務，保健事業，調査研究などを行う。平成12年度からは介護保険制度の介護報酬の審査支払業務および介護保険サービスの相談・指導・助言（苦情処理）業務を行っている。障害者自立支援法29条8項に基づき，障害者自立支援介護給付費などの請求業務を国民健康保険団体連合会（以下「国保連

合会」）に委託することができ，各都道府県国民健康保険団体連合会が各施設と自治体の間に入り，ITを活用したネットワークによる代理請求に関する提出書類の確認や障害福祉サービス費の支払いなどを行うことになった。国保連合会がこれらの役割を担うことで，これまで自治体業務であった事務手続きの多くをスムーズに行うことや請求業務における透明性の確保が期待されている。

(3) 教育関係機関の役割

**特別支援教育**が法的に位置づけられた改正学校教育法（平成19年法律第96号）の施行にともない，文部科学省初等中等教育局長名の「特別支援教育の推進について（通知）」が2007（平成19）年4月1日付において，「特別支援教育は幼稚園，小学校，中学校，高等学校，中等教育学校および特別支援学校において行われるものであることが確認され，「特別支援教育の理念」では，一人ひとりの教育ニーズに立脚した教育であること，これまでの特殊教育の対象に加えて，知的な遅れのない発達障害も含めること，**特別支援教育**は障害のある幼児児童生徒への教育にとどまらず，『共生社会の形成の基礎となるもの』である」と特別支援教育の方向性と枠組みが示され，従来の盲・ろう・養護学校及び特殊学級に限定されてきた特殊教育が，特別な支援を必要とする幼児・児童・生徒が在籍するすべての学校において実施される**特別支援教育**に転換することとなった。

1) 特別支援教育の変遷

日本では，第二次世界大戦後，障害児に対して，障害種別ごとに設立された障害児学校や学級で，障害に応じた教育が行われてきた。一方で1981年の国際

---

**サラマンカ声明（宣言）**

サラマンカで行われた「特別なニーズ教育に関する世界会議」（1994年）の最終報告書に掲載されている声明（宣言）。「すべての者の教育（Education for ALL）」を主張。これ以降，インテグレーションに代わってインクルージョンという概念が用いられ始める。

障害者年を契機に，統合教育を求める声やノーマリゼーションの風潮から，こうした教育のあり方の変革を求める声が世界的に高まった。こうした世論の高まりのなかで，1994年にユネスコ（UNESCO）とスペイン政府の共催で開催された「特別ニーズ教育に関する世界会議」において，「特別ニーズ教育における諸原則・政策及び実践に関するサラマンカ声明」と「特別ニーズ教育に関する行動大綱」が採択された。この声明では，発展途上国における障害児や児童労働従事者，ストリートチルドレン等を含む特別なニーズをもつ児童の教育の充実とともに先進諸国で，通常教育から分離したシステムとしての特殊教育を通常教育へ統合することを提案した。

わが国では，2001年1月に文部科学省が「21世紀における特殊教育の在り方について（最終報告）」で，以下の5点を明らかにした。

① ノーマリゼーションの進展に向け，障害のある児童生徒の自立と社会参加を社会全体として，生涯にわたって支援すること
② 教育，福祉，医療，労働などが一体となって，乳幼児期から学校卒業まで障害児およびその保護者に対する相談および支援を行う体制を整備すること
③ 障害の重度・重複化や多様化を踏まえ，盲・聾・養護学校などの教育の充実とともに通常の学級の特別な教育的支援を必要としている児童生徒に積極的に対応すること
④ 児童生徒の特別な教育ニーズを把握し，必要な教育的支援を行うため，就学指導のあり方を改善すること
⑤ 学校や地域における魅力と特色ある教育活動などを促進するため，特殊教育に関する制度を見直し，市町村や学校に対する支援を充実すること

これらの基本的な考えを背景に，特殊教育は障害のある児童生徒などの視点にたち，一人ひとりのニーズを把握し，必要な支援を行うという考えに基づいて対応を図ることを提言し，さらに小・中学校などの通常学級に在籍するLD（学習障害）やADHD（注意欠陥・多動性障害），高機能自閉症といった特別

な教育的支援を必要とする児童生徒などに対しても積極的に対応していく必要があるという方針が打ち出された。

この提言を受けて、2002年4月、「学校教育法施行令の一部を改正する政令」（政令第148号）が公布され、第22条の3に規定する「就学規準」が「医学、科学技術の進歩等を踏まえ、実態に合致するよう教育的、心理学的、医学的観点から」の見直しが行われ、従来の障害の観点からだけでなく、障害児一人ひとりの特別な教育的ニーズによって、それに応じた適切な就学指導が可能となった。

2003年3月28日には「特別支援教育の在り方に関する調査研究協力者会議」が「今後の特別支援教育の在り方について（最終報告）」を提出し、現在の盲・聾・養護学校制度を改め、通常の学級に在籍する発達障害児を含め、その一人ひとりの教育的ニーズを把握し、適切な教育的支援を行う「特別支援教育」への転換が提言され、2004年12月には中央教育審議会が「特別支援教育を推進するための制度の在り方（中間報告）」を発表し、特殊教育から特別支援教育への移行の意義を明らかにし、「学校教育法等の一部を改正する法律」が2006年6月に成立し、2007年4月1日から施行されることとなった。

2）特別支援教育の内容

**特別支援教育**の内容は、以下のとおりである。

① 特別支援教育の対象に、全児童生徒の約6％にあたるとされるLD、ADHDなどの軽度発達障害児を新たに加える。

② 障害の種別に応じて設置されている現在の盲・聾・養護学校を、障害の種別にとらわれない「特別支援学校」とする。この学校は、「障害が重い

---

**特別支援学校・特別支援学級**

これまで、盲学校・ろう学校・養護学校（肢体不自由・知的障害・病弱）の3つの障害種別に区分されていたものが、障害種別にとらわれない特別支援学校に再編され、同時に、学区内の幼小中高を支援するセンター的機能も果たすようになった。また、特殊学級は特別支援学級に改められた。

## 図表5-3 特別支援教育の対象

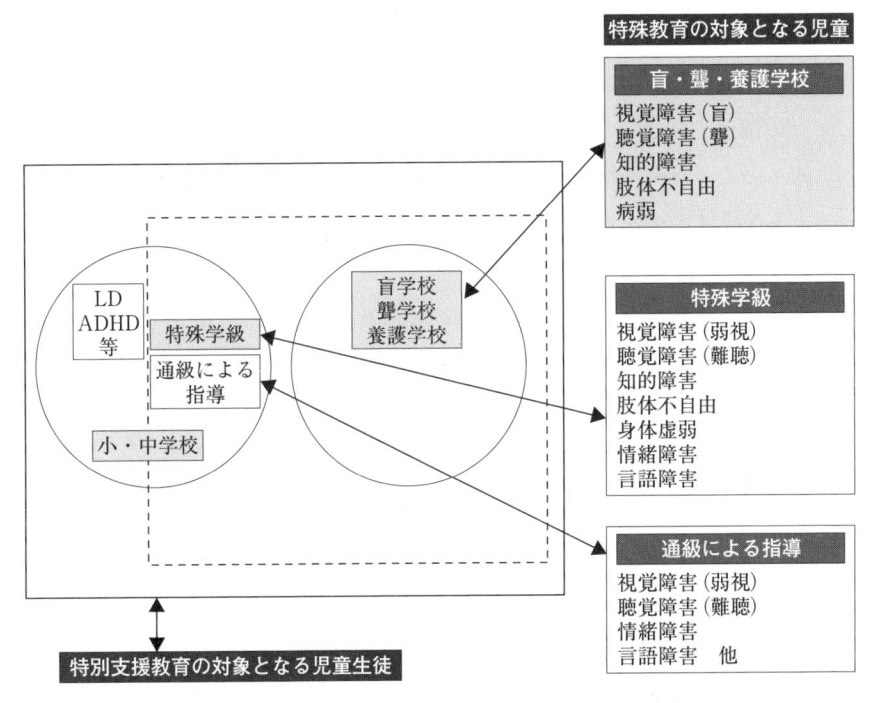

**特殊教育の対象となる児童**

**盲・聾・養護学校**
- 視覚障害（盲）
- 聴覚障害（聾）
- 知的障害
- 肢体不自由
- 病弱

**特殊学級**
- 視覚障害（弱視）
- 聴覚障害（難聴）
- 知的障害
- 肢体不自由
- 身体虚弱
- 情緒障害
- 言語障害

**通級による指導**
- 視覚障害（弱視）
- 聴覚障害（難聴）
- 情緒障害
- 言語障害　他

（図中：LD ADHD等、特殊学級、通級による指導、小・中学校、盲学校・聾学校・養護学校、特別支援教育の対象となる児童生徒）

あるいは重複していることにより専門性の高い指導や施設・設備などによる教育的支援の必要性が大きい児童生徒に対する教育を地域において中心的に担う」役割を果たす学校となる。同時に，この学校は，小・中学校に対して教育的な支援を積極的に行う役割をもち，特別支援教育コーディネーターを校務として位置づけることが求められる。

③　小・中学校においては，障害児学級の制度をなくし，障害のある児童生徒はすべて通常学級に在籍するものとする。これらの児童生徒は，通常学級において「できるだけ他の児童生徒とともに学習し，生活上の指導を受ける」こととし，「障害に応じた教科指導や障害に起因する困難の克服・克服のための指導」を必要な時間のみ「特別支援教室」で受けることとする。さらに，学校全体で対応するために，校内委員会を設置して特別支

教育コーディネーターをおくとともに，チームティーチング（以下，TT）や少人数指導担当教員，さらには臨時教員など学校外人材を活用する。

④　**特別支援教育**のあり方を支えるものとして，教育現場への療育や医療などの関連する分野の専門家の参画，さらには障害福祉圏域などとの整合性をもった「支援地域」「(行政間の) 部局横断型の委員会」の設定，就学前から卒業までの一貫した相談体制の整備，「個別の教育支援計画」「個別移行支援計画」の策定などを行う。

3）**特別支援教育**を行うための体制の整備及び必要な取り組み

**特別支援教育**を実施するため，各学校において次の体制の整備及び取り組みを行う。

①　**特別支援教育**に関する校内委員会の設置

各学校においては，校長のリーダーシップのもと，全校的な支援体制を確立し，発達障害を含む障害のある幼児児童生徒の実態把握や支援方策の検討等を行うため，校内に特別支援教育に関する委員会を設置すること。委員会は，校長，教頭，**特別支援教育コーディネーター**，教務主任，生徒指導主事，通級指導教室担当教員，特別支援学級教員，養護教諭，対象の幼児児童生徒の学級担任，学年主任，その他必要と思われる者などで構成すること。なお，特別支援学校においては，他の学校の支援も含めた組織的な対応が可能な体制づくりを進める。

②　実態把握

各学校においては，在籍する幼児児童生徒の実態の把握に努め，特別な支援を必要とする幼児児童生徒の存在や状態を確かめる。さらに，特別な支援が必要と考えられる幼児児童生徒については，**特別支援教育コーディネーター**等と検討を行った上で，保護者の理解を得ることができるよう慎重に説明を行い，学校や家庭で必要な支援や配慮について，保護者と連携して検討を進めること。その際，実態によっては，医療的な対応が有効な場合もあり，保護者と十分に話し合う。特に，幼稚園，小学校においては，発達障害等の障害は早期発見・

早期支援が重要であることに留意し，実態把握や必要な支援を着実に行う。

③　特別支援教育コーディネーターの配置

各学校の校長は，特別支援教育のコーディネーター的な役割を担う教員を「特別支援教育コーディネーター」に指名し，校務分掌に明確に位置付ける。

**特別支援教育コーディネーター**は，各学校における特別支援教育の推進のため，主に，校内委員会・校内研修の企画・運営，関係諸機関・学校との連絡・調整，保護者からの相談窓口などの役割を担う。また校長は，特別支援教育コーディネーターが学校において組織的に機能するよう努める。

④　関係機関との連携を図った「個別の教育支援計画」の策定と活用

特別支援学校においては，長期的な視点に立ち，乳幼児期から学校卒業後まで一貫した教育的支援を行うため，医療，福祉，労働等のさまざまな側面からの取り組みを含めた「個別の教育支援計画」を活用した効果的な支援を進める。また小・中学校等においても必要に応じて，「個別の教育支援計画」を策定する等，関係機関と連携を図った効果的な支援を進める。

⑤　「個別の指導計画」の作成

特別支援学校においては，幼児児童生徒の障害の重度・重複化，多様化等に対応した教育を一層進めるため，「個別の指導計画」を活用した一層の指導の充実を進める。また小・中学校等においても，必要に応じて「個別の指導計画」を作成するなど，一人ひとりに応じた教育を進める。

⑥　特別支援学校における取り組み

特別支援学校においては，これまで蓄積してきた専門的な知識や技能を生かし，地域における特別支援教育のセンターとしての機能の充実を図る。特に幼稚園，小学校，中学校，高等学校および中等教育学校の要請に応じて，発達障害を含む障害のある幼児児童生徒のための個別の指導計画の作成や個別の教育支援計画の策定などへの援助を含め，その支援に努める。またこれらの機関のみならず，保育所をはじめとする保育施設などの他の機関等に対しても，同様に助言または援助に努める。特別支援学校において指名された特別支援教育

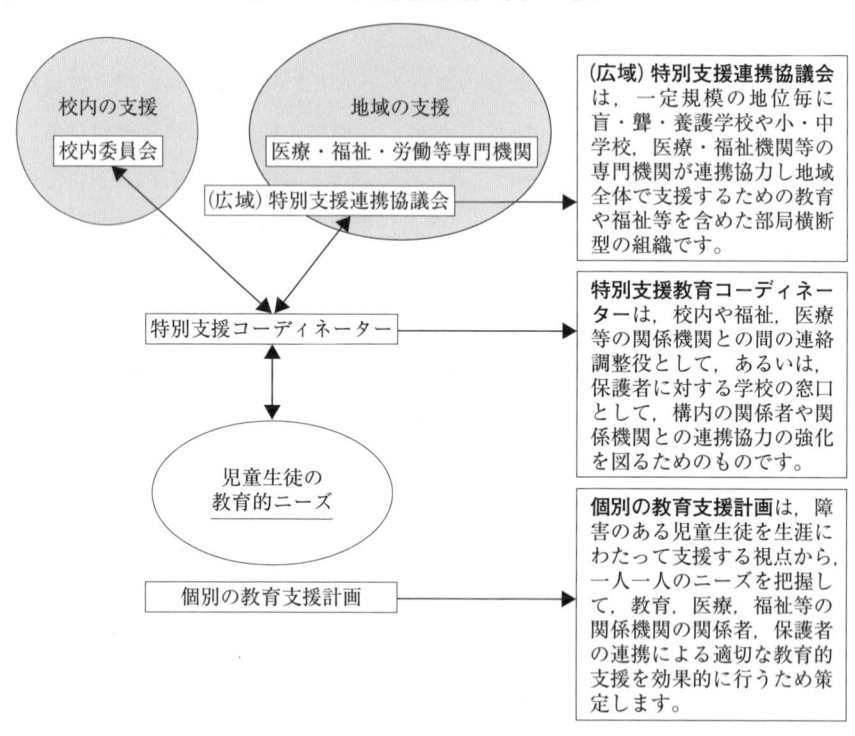

図表5-4　特別支援教育を支える仕組み

```
   ┌─────────┐      ┌──────────────┐
   │ 校内の支援 │      │   地域の支援    │
   │ 校内委員会 │      │医療・福祉・労働等専門機関│
   └─────────┘      └──────────────┘
        ↑   (広域)特別支援連携協議会   ↑
        │          ↓↑                │
        └──→ 特別支援コーディネーター ←──┘
                    ↕
              ┌──────────┐
              │  児童生徒の  │
              │ 教育的ニーズ │
              └──────────┘
              │個別の教育支援計画│
```

**(広域)特別支援連携協議会**は，一定規模の地位毎に盲・聾・養護学校や小・中学校，医療・福祉機関等の専門機関が連携協力し地域全体で支援するための教育や福祉等を含めた部局横断型の組織です。

**特別支援教育コーディネーター**は，校内や福祉，医療等の関係機関との間の連絡調整役として，あるいは，保護者に対する学校の窓口として，構内の関係者や関係機関との連携協力の強化を図るためのものです。

**個別の教育支援計画**は，障害のある児童生徒を生涯にわたって支援する視点から，一人一人のニーズを把握して，教育，医療，福祉等の関係機関の関係者，保護者の連携による適切な教育的支援を効果的に行うため策定します。

コーディネーターは，関係機関や保護者，地域の幼稚園，小学校，中学校，高等学校，中等教育学校及び他の特別支援学校並びに保育所等との連絡調整を行う。

⑦　進路指導の充実と就労の支援

障害のある生徒が，将来の進路を主体的に選択することができるよう，生徒の実態や進路希望等を的確に把握し，早い段階からの進路指導の充実を図る。また企業等への就職は，職業的な自立を図る上で有効であることから，労働関係機関等との連携を密にした就労支援を進める。

⑧　厚生労働省関係機関等との連携

各学校及び各教育委員会等は，必要に応じ，発達障害者支援センター，児童

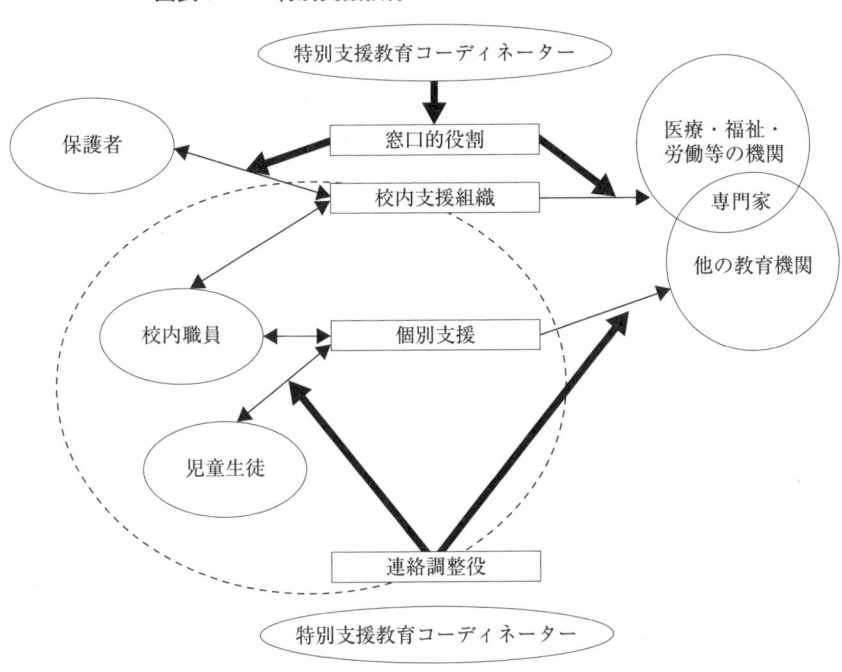

**図表 5-5　特別支援教育コーディネーターの位置づけ**

相談所，保健センター，ハローワーク等，福祉，医療，保健，労働関係機関との連携を図る（図表 5-4）。

4）特別支援教育の諸活動と特別支援教育コーディネーターの役割

**特別支援教育コーディネーター**は，保護者や関係機関に対する学校の窓口として，また学校内の関係者や福祉，医療等の関係機関との連絡調整の役割を担う者として，位置付けられている。特別支援教育コーディネーターは，基本的にはそれぞれの学校で**特別支援教育**を推進することであるが，特別支援教育に関わる教育活動は多岐にわたる。その各プロセスで，関わり合う人達を繋ぎ，知恵と力を引き出し，児童生徒への支援に結びつけていくことが重要である（図表 5-5）。

盲・聾・養護学校では，医療的ケアの必要な児童生徒への対応のため，医療

**図表5-6　盲・聾・養護学校における特別支援教育コーディネーターの位置づけ**

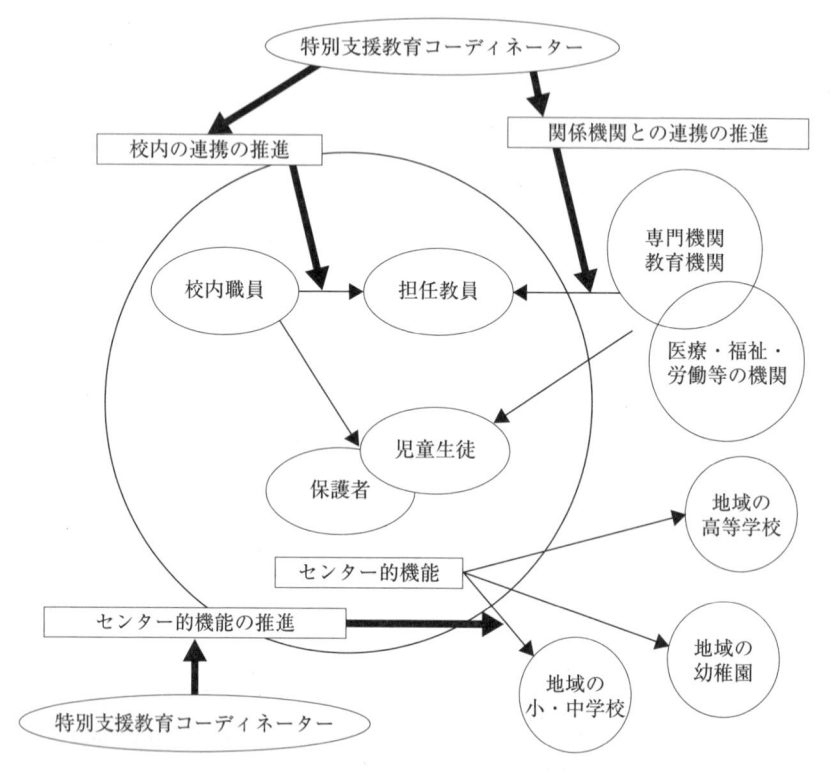

機関や福祉機関と連携・協力を行い，学校外の専門家による指導・助言を受けるなど，児童生徒のニーズに応じた教育を展開していくための推進役としての役割，また，各学校の教員の専門性や施設・設備を活かし，地域における特殊教育に関する相談のセンター的な機能を推進する役割である（図表5-6）。

　小・中学校では，学校内の関係者間の連携協力，盲・聾・養護学校などの教育機関，医療・福祉機関との連携協力の推進役としての役割を担う（図表5-7）。

　**特別支援教育**を進めるためには，それぞれの学校で，教職員全体の特別支援教育に対する理解の下で，学校内の協力体制を構築するとともに，学校外の関

第5章 組織・機関の役割　165

**図表5-7　小・中学校における特別支援教育コーディネーターの位置づけ**

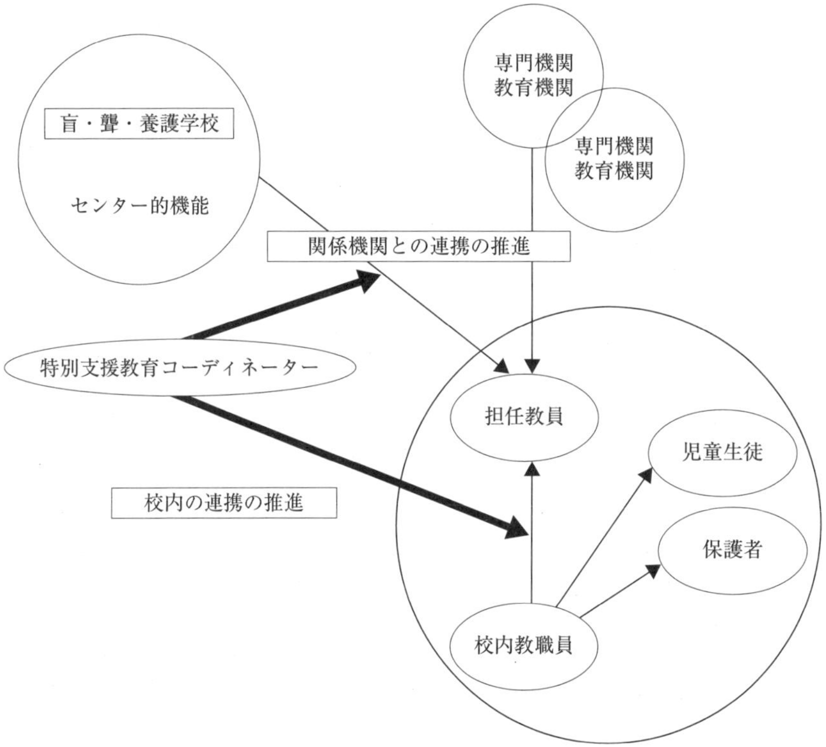

[図：盲・聾・養護学校（センター的機能）、専門機関・教育機関、特別支援教育コーディネーター、関係機関との連携の推進、校内の連携の推進、担任教員、校内教職員、児童生徒、保護者の関係図]

係機関との連携協力が不可欠である。盲・聾・養護学校では，専門性のある教員や障害に対応した施設や設備があり，教育指導上の活動の多くは，学校内で工夫の上で実施されるが，医療的ケアの必要な児童生徒への対応のための医療機関や福祉機関との連携・協力や，学校外の専門家による指導・助言を受けるなど，児童生徒のニーズに応じた教育を展開していくための柔軟な体制づくりが大切である。また地域の実態や家庭の要請等により，障害のある幼児・児童・生徒またはその保護者に対して教育相談を行うなど，各学校の教員の専門性や施設・設備を活かした，地域における特殊教育に関する相談のセンターとしての役割を果たすよう努める必要がある。小・中学校においては，教職員の

配置や施設・設備の状況は必ずしも十分な状況ではなく,各学校での対応には限りがあるために,盲・聾・養護学校や医療・福祉機関との連携協力が大切となる。こうしたことを踏まえて,**特別支援教育コーディネーター**は,保護者や関係機関に対する学校の窓口として,また,学校内の関係者や福祉,医療等の関係機関との連結調整役としての役割を担う者として,位置付けられている。

(4) 労働関係機関の役割

人のライフステージにおいて,一定の年齢になったら労働の場に身をおくことは,安定した生活を送るうえで欠くことのできない要素である。しかしながら,これまで障害のある人は,障害保健福祉制度のもとに作業所や授産施設において働く「福祉的就労」というあり方が一般的とされてきた。一方,事業所において雇用契約を結び働くという「一般就労」があり,障害者総数約709万人のうち,5人以上の常用雇用労働者を雇用している事業所に常用雇用されている人数は2007年時点で約50万人であり,1割にも満たない状況である。

「一般就労」においては「障害者の雇用の促進等に関する法律」により,障害者雇用率制度が設けられており,常用労働者数が56人以上の一般の民間事業主は,その常用労働者数の1.8%以上の数の障害のある人を雇用しなければならないと義務づけているものの,法定雇用率達成企業の割合は50%にも満たない。

このような現状を改革し,障害の有無にかかわらず,一定の年齢になったら働くという当たり前のことを実現するために,障害者自立支援法において就労

---

**特別支援学校の教員**

特別支援学校の教員は,小学校・中学校等の教員免許状のほかに,特別支援学校の教員免許状を取得することが原則。従来は,盲学校・ろう学校・養護学校ごとに免許状が分けられていたが,2007(平成19)年4月より,特別支援学校の教員免許状に一本化された。なお,特別支援学級や通級による指導は,小学校・中学校の教員免許状を持っている教員が担当することができる。

支援の抜本的強化が謳われ，福祉施設から一般就労への移行を促し，障害者福祉計画の基本指針において，障害者自立支援法施行後は，一般就労への移行者をそれまでの4倍とする数値目標も示している。2008（平成20）年2月に取りまとめられた政府の「成長力底上げ戦力」（基本構想）において，雇用施策と福祉施策の連携のもとでも就労支援の強化が大きく位置づけられている。多くの福祉施設にとっては，労働関係機関の利用頻度は低く，必ずしも有効な連携が図れていたとはいえない状況であったが，今後，障害のある人の就労の実現に向けて，福祉機関や教育機関と労働機関の緊密な連携が不可欠であり，相互の積極的な活用により，有機的な関係を築き，地域における就労支援のネットワークを構築していくことが求められている。

1）各機関の役割

① ハローワーク（公共職業安定所）

全国的に整備されている労働行政機関であり（全国に559ヵ所設置），雇用の安定を図るための中枢的機能を果たす。ハローワークにおける支援は，障害のある人や福祉関係機関に対する支援と，企業への支援・指導の大きく2つに分かれる。

就職を希望する障害のある人は，求職登録を行い，ハローワークに配置されている職業指導官や職業相談員等の専門の職員が，障害の態様や適性，希望職種等に応じ，きめ細かな職業相談，職業紹介，職場適応指導を行う。また，精神障害のある求職者に対しては，精神障害に関する専門的知見に基づいてカウ

> **雇用率制度**
> 民間企業（常用労働者56人以上），国，地方公共団体は，法定雇用率に相当する数以上の身体障害者または知的障害者を雇用しなければならない。雇用率未達成の企業（常用労働者301人以上。2010（平成22）年7月1日より201人以上，2015（平成27）年4月1日より101人以上に拡大）は，障害者雇用納付金を納付する。一定比率以上の障害者を雇用している場合には，調整合・報奨会が支給される。

図表 5-8　ハローワークを中心としたチーム支援
～地域障害者就労支援事業のスキーム～

関係機関のチーム支援による，福祉的就労から一般雇用への移行の促進
～「地域障害者就労支援事業」のスキームの全国展開～

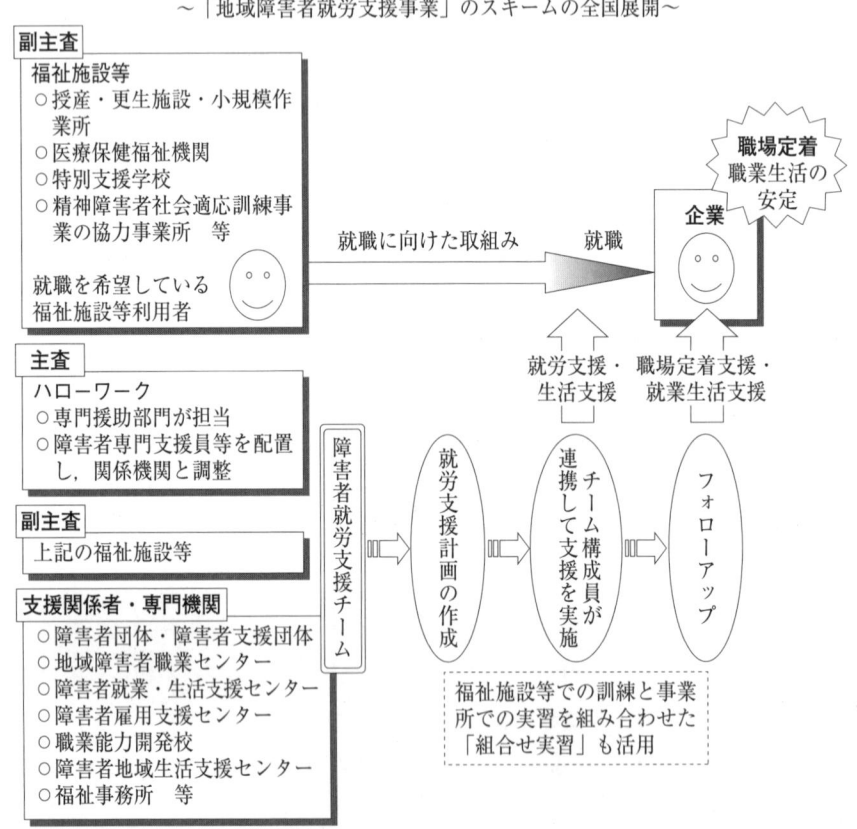

**副主査**
福祉施設等
- 授産・更生施設・小規模作業所
- 医療保健福祉機関
- 特別支援学校
- 精神障害者社会適応訓練事業の協力事業所　等

就職を希望している福祉施設等利用者

**主査**
ハローワーク
- 専門援助部門が担当
- 障害者専門支援員等を配置し，関係機関と調整

**副主査**
上記の福祉施設等

**支援関係者・専門機関**
- 障害者団体・障害者支援団体
- 地域障害者職業センター
- 障害者就業・生活支援センター
- 障害者雇用支援センター
- 職業能力開発校
- 障害者地域生活支援センター
- 福祉事務所　等

就職に向けた取組み → 就職 → 企業 → 職場定着　職業生活の安定

障害者就労支援チーム ⇒ 就労支援計画の作成 ⇒ チーム構成員が連携して支援を実施 ⇒ フォローアップ

就労支援・生活支援　職場定着支援・就業生活支援

福祉施設等での訓練と事業所での実習を組み合わせた「組合せ実習」も活用

資料）厚生労働省職業安定局高齢・障害者雇用対策部障害者雇用対策課発表資料，2008年5月

ンセリング等を行う精神障害者就職サポーターが支援を行っている。近年，新規求職申込件数，就職件数ともに増加しており，特に知的障害のある人及び精神障害のある人については顕著な傾向にある。

　福祉施設の利用者等が一般就労へ移行する流れをつくるためには，就労支援に関する情報やノウハウを十分蓄積している労働関係機関から福祉，教育関係

機関等に対して積極的にはたらきかけることが重要となる。その取り組みとしては，ハローワークが中心となり，地域の関係支援機関と連携して，障害のある人一人ひとりに応じたきめ細やかな個別支援を行うための「障害者就労支援チーム」を平成19年度から全国のハローワークでつくり，就職の準備段階から職場定着までの一貫した支援を展開している（地域障害者就労支援事業）。また，地域の福祉施設や特別支援学校に対して，一般雇用や雇用支援策に関する理解の促進と就労支援の取り組みの強化をはたらきかける障害者就労支援基盤整備事業を実施している。一方，障害者を雇用している事業主や，雇い入れようとしている事業主に対しては，雇用管理上の配慮等についての助言を行い，必要に応じて専門機関の紹介や各種助成金の案内を行っている。雇用率達成のため雇用しなければならない障害者数の特に多い事業主に対しては，雇入れ計画の作成命令や，作成した計画の適正実施勧告を職業安定所長名で出し，指導を行う。また，障害者雇用率が未達成の企業を中心に，雇用率達成のための指導を行うなかで，職業紹介部門，事業主指導部門と連携し，新規求人開拓を行っている。

② 障害者職業センター

　独立法人高齢・障害者雇用支援機構による運営のもと，障害のある人に対して就職前と就職後の支援を行っており，障害者職業総合センター，広域障害者職業センター，地域障害者職業センターの3種類がある。このうち，障害者職業総合センターは，先駆的な職業リハビリテーションサービスの提供や研究・開発，障害者雇用に関する情報の収集及び提供，障害のある人の就労支援に携わる者の人材育成のための研修等を行い，職業関係施設の中核的な役割を担っている。各都道府県に1ヵ所ずつ設置されている地域障害者職業センターでは，職業カウンセラーなどの専門職を擁し，ハローワークと密接な連携を図りながら地域における職業リハビリテーションの推進基盤となり，障害のある人一人ひとりの状況に応じ，職業評価，職業指導，職業準備訓練，職場適応援助等の支援を行っている。職業評価では，どのような面が得意なのか不得意なのかを

相談の場面や作業・適性検査等を通じて明らかにし，それをもとに職業リハビリテーション計画を策定し，必要に応じて，センター内での作業体験，職業準備講習，社会生活技能訓練を通じて職業準備支援を整えていく。また，スムーズな一般就労への移行を図るため，事業所に職場適応援助者（ジョブコーチ）を派遣し，障害のある人や家族および事業主に対して安定してはたらき続けることができるように専門的援助を行う。

一方，事業主に対しては障害者雇用に関する事業主のニーズの把握に努め，雇用管理上の課題を分析し，雇用管理についての専門的な助言や支援を行う。

③　障害者就業・生活支援センター

「はたらきたい」と希望する障害のある人が，就職し，就職した後も安定した職業生活を送ることができるよう，身近な地域で，雇用，保健福祉，教育等の関係機関との連携を図り，支援体制を整える地域の連携の拠点としての役割を担っている。就業支援ワーカーと生活支援ワーカーが配置され，はたらくための支援とはたらき続けるための支援を日常生活支援も含め，就業面と生活面の一体的な相談，支援を行っている。平成20年度では，全国に205ヵ所設置されており，今後順次，すべての保健福祉圏域に設置する計画であり，平成23年度までに約400ヵ所の設置が目標となっている。身近な地域で顔の見える関係での支援を行っていくために期待されている。

就業面での支援としては，就職に向けた準備支援（準備訓練や職場実習のあっせん），就職活動の支援，職場定着に向けた支援があり，支援対象者を雇用する事業主に対して雇用管理に関する助言も行う。生活面での支援としては，生活習慣の形成や健康管理，金銭管理等の自己管理に関する助言，住居・年

> **障害者雇用支援センター**
> 　職業生活における自立を図るために継続的な支援を必要とする障害者を対象に，地域障害者職業センターの行う職業評価に基づき職業準備訓練などを実施する。

第5章　組織・機関の役割　171

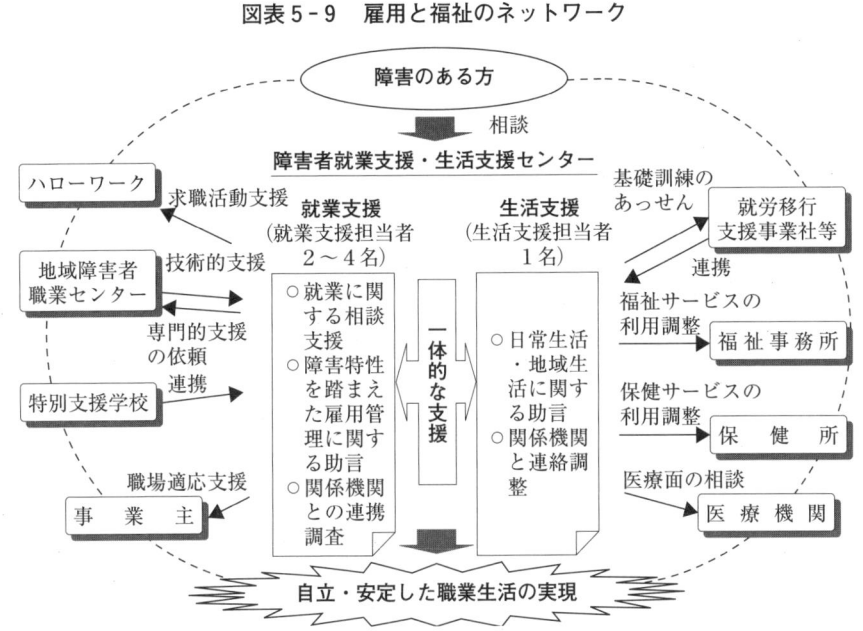

図表5-9　雇用と福祉のネットワーク

```
                         障害のある方
                             │相談
                             ▼
                 障害者就業支援・生活支援センター

  ハローワーク ← 求職活動支援    就業支援      生活支援    基礎訓練の    就労移行
                            (就業支援担当者 (生活支援担当者  あっせん    支援事業社等
  地域障害者  ← 技術的支援      2～4名)       1名)        連携
  職業センター                 ○就業に関      ○日常生活              福祉サービスの  福祉事務所
             ← 専門的支援       する相談       ・地域生                利用調整
                の依頼         支援    一体    活に関す
  特別支援学校 ← 連携           ○障害特性  的な   る助言                保健サービスの  保　健　所
                              を踏まえ  支援   ○関係機関               利用調整
                              た雇用管         と連絡調
                              理に関す         整                    医療面の相談    医療機関
             ← 職場適応支援     る助言
  事　業　主                  ○関係機関
                              との連携
                              調査

                     自立・安定した職業生活の実現
```

資料) 厚生労働省職業安定局高齢・障害者雇用対策部障害者雇用対策課発表資料, 2008年5月

金・余暇活動など地域生活に関する助言を行う。

④　障害者職業訓練機関

職業能力開発促進法に基づき, 障害のある人に技能付与を図るための施設として国や県の設置による障害者職業能力開発校が全国で19ヵ所あり (国立13校, 府県立6校), 障害の特性を踏まえ, 訓練科目や訓練方法等に配慮をしながら, 技術革新の進展等に対応した職業訓練等を実施している。また民間の能力開発施設も全国に22ヵ所設置されており, 職業に必要な能力を開発し, 向上させるための教育訓練事業を実施している。

平成16年度からは, 障害のある人がより身近なものとして職業訓練を受講することができるよう訓練機会の大幅な拡充を図るため, 「障害者の態様に応じた多様な委託訓練」を全国的に展開し, 地域のさまざまな機関の力を活かし, 社会福祉法人やNPO法人等が訓練実施機関となっている。

⑤ 都道府県高齢・障害者雇用支援協会等

障害のある人や高齢者の雇用を円滑に進めるための啓発事業をはじめ，雇用納付金利度に基づく関係業務（納付金の徴収，雇用調整金・報奨金及び各種助成金の説明，受付，支給），雇用管理指導に関する研修，相談，援助を行っている。また，企業内の障害者職業生活相談員の資格認定講習や障害者雇用に関する各種講習会も行う。

⑥ その他支援機関

a 在宅就業支援団体

障害の状況により，雇用される働き方ではなく，仕事を請け負い，在宅で仕事をすることにより社会経済活動に参加するという，一人ひとりの多様な状態に合った働き方の形態がIT技術等の進展とあいまって増えてきている。在宅就業者への仕事の確保を支援するため，在宅就業支援団体が厚生労働大臣による登録を受け，在宅就業希望者に就業機会の確保や提供を行う。在宅就業支援団体を通じて業務が発注された場合，完成品の納品まで在宅就業団体が責任をもって納期や品質に対する保証管理にあたる。また必要に応じて業務遂行に必要な職業講習や就業支援等の援助も行う。在宅就業支援団体は，2008（平成20）年4月現在で全国に18ヵ所存在する。

b 職場適応援助者養成研修機関

障害のある人が働きやすい環境を整備し，障害のある人本人と事業主双方に対して安心して働けるよう支援を行う役割を担う職場適応援助者の養成については，独立行政法人高齢・障害者雇用支援機構が実施する研修のほか，厚生労働大臣が指定する民間機関が職場適応援助者養成研修を実施している。2008（平成20）年10月現在で指定を受けている機関が全国に4ヵ所存在する。

## 参考文献

社会福祉士養成講座編集委員会編『新・社会福祉士養成講座14　障害者に対する支援と障害者自立支援制度　障害者福祉論（第2版）』中央法規，2010年

福祉臨床シリーズ編集委員会編『社会福祉士シリーズ14　障害者に対する支援と障害者自立支援制度—障害者福祉制度　障害者福祉サービス』弘文堂，2009年

障害者福祉研究会監修『障害者自立支援六法（平成21年版）』中央法規，2009年

内閣府『障害者白書（平成22年版）』2010年
　（http://www8.cao.go.jp/shougai/whitepaper/h22hakusho/zenbun/pdf/index.html）

京極高宣・全国社会福祉協議会編『障害者自立支援法の解説』全国社会福祉協議会，2005年

坂本洋一『図説よくわかる障害者自立支援法（第2版）』中央法規，2008年

菱村幸彦編『よくわかる最新教育法規の改正点—最新法令改正のポイントを解説』教育開発研究所，2008年

「サービス管理責作者研修（就労分野）資料」2007年

「サービス管理責任者研修（就労分野）資料」2008年

厚生労働省・独立行政法人高齢・障害者雇用支援機構『障害者の雇用支援のために』2008年

朝日雅也他「特集　障害者の就労支援」『総合リハビリテーション』Vol.36, No.6, 医学書院，2008年

金子健他「特集　これからの就労支援」『特別支援教育研究』No.601, 日本文化科学社，2007年

=====◆読者のための参考図書◆=====

独立行政法人高齢・障害者雇用支援機構パンフレット「事業主と障害者のための雇用ガイド　障害者の雇用支援のために（平成21年版）」2009年
　　障害者の雇用状況，障害者雇用に関する制度・サービス等をコンパクトにまとめたパンフレット

伊藤智佳子編／児島美都子・吾川かおり『障害をもつということ』障害者福祉シリーズ1，一橋出版，2002年
　　障害とは何かということについて漫画や報道のあり方などを題材に詳しく述べられている。

社会福祉法規研究会編『社会福祉六法（平成22年版）』新日本法規出版，2010年
　　社会福祉関係の各法を総合的に理解し，各法の条文の理解に役立つ。

菱村幸彦編『よくわかる最新教育法規の改正点―最新法令改正のポイントを解説』教育開発研究所，2008年
 最新の教育基本法，学校教育法，学校教育法施行規則などの改正内容がわかりやすく述べられている。

津曲裕次『新版　障害者の教育・福祉・リハビリテーション入門―共に生きる社会をめざして―』川島書店，2002年
 障害者福祉に関する年表や入門図書の紹介等があり，障害者福祉の歩みの全体像を理解することができる。

◇ 演習課題
① 障害を有する児童・生徒の教育保障は，現在どのような法律改正が行われ，特別支援教育の対象がどのようになったか調べてみよう。
② 障害者福祉の関連分野において，障害者自立支援法や発達障害者支援法および学校教育法等の一部を改正する法律の制定により従来の制度がどのように変革されたか調べてみよう。
③ 障害者福祉の関連分野にはどのような分野があり，各分野における法制度および各施策はどのようなものがあるかを調べてみよう。

※ 考えてみよう
① 自分の住む都道府県あるいは市町村の障害者福祉計画を整理してみよう。
② 法定雇用率と雇用義務について整理してみよう。
③ 2007（平成19）年に施行された「改正学校教育法」の内容を整理してみよう。「特別支援教育」における，課題について検討し，その解決方法について考えてみよう。

# 第6章　障害者福祉に関する法律と関連施策

主な障害者に関連する法律等を概観すると，①社会福祉関連，②保健・医療関連，③交通・建築物関連等，④年金関連等，⑤税制関連，⑥教育関連，⑦雇用・労働関連，⑧通信・情報関連，⑨民法・権利関連等，⑩その他に分けられる。当然のことであるが，生活，労働，教育，保険，年金，基本的権利，所得保障など日本国憲法で保障された全てに渡る。

**キーワード**　心神喪失者等医療観察法，バリアフリー，障害者の雇用の促進等

## 1. 心神喪失等の状態で重大な他害行為を行った者の医療及び観察等に関する法律[1]（以下，心神喪失者等医療観察法）（平成15年7月16日法律第110号）（最終改正年月日：平成17年11月7日法律第123号）

**心神喪失者等医療観察法**は，同法第1条に示されるように，心神喪失等の状態で重大な他害行為（殺人，放火，強盗，強姦，強制わいせつ，傷害等）を行った者に対して，適切な医療，指導等を継続的に提供することにより，病状の改善，社会復帰を促進するために2003年7月16日公布，2005年7月15日施行された[2]。

主な内容は，次の通りである[3]。

① 地方裁判所において，裁判官と精神保健審判員（精神保健判定医）による合議体制での医療的・法的判断に基づき，個々に適切な処遇を決定するシステムを構築する。

② 入院による医療を受けることとなった者に対して，指定入院医療機関における医療等が実施される。費用は，全額国費により支弁される。

③ 退院後，対象者の状況に応じて，通院医療を義務づけ継続的な医療の実

施と共に，保護観察所（社会復帰調査官）による観察・指導等により円滑な社会復帰を図るために関係機関及び民間団体等との連携を確保する。

④ 精神保健観察の下で通院治療の限度は，3年間とする（裁判所は，2年を超えない範囲で延長できる）。

⑤ 保護観察所がコーディネーターとして指定入院医療機関の管理官，都道府県知事等と協議の上，対象者に対する処遇の実施計画を策定する。保護観察所のネットワークにより，連携を確保する。

⑥ 被害者や遺族に審判の傍聴を認め，裁判の結果を通知する仕組みをつくる。

⑦ 保護観察所の長の申請により，裁判所は精神保健観察を受けている者の（再）入院の決定ができる。

## 2．高齢者，障害者等の移動等の円滑化の促進に関する法律[4]（以下 本文中はバリアフリー新法とする。）（平成18年6月21日法律第91号）（最終改正年月日：平成19年3月31日法律第19号）

「高齢者，障害者等の自立した日常生活及び社会生活を確保することの重要性にかんがみ，公共交通機関の旅客施設及び車両等，道路，路外駐車場，公園施設並びに建築物の構造及び設備を改善するための措置，一定の地区における旅客施設，建築物等及びこれらの間の経路を構成する道路，駅前広場，通路その他の施設の一体的な整備を推進するための措置その他の措置を講ずることにより，「高齢者，障害者等の自立した日常生活及び社会生活を確保することの重要性にかんがみ，公共交通機関の旅客施設及び車両等，道路，路外駐車場，公園施設並びに建築物の構造及び設備を改善するための措置，一定の地区における旅客施設，建築物等及びこれらの間の経路を構成する道路，駅前広場，通路その他の施設の一体的な整備を推進するための措置その他の措置を講ずることにより，高齢者，障害者等の移動上及び施設の利用上の利便性及び安全性の向上の促進を図り，もって公共の福祉の増進に資することを目的とする。[5]」（第

1条）こととされる。

　主な施策は，①主務大臣は，移動等の円滑化の促進に関する基本方針を策定する，②移動等の円滑化のために施設管理者等が講ずべき措置，③重点整備地区における移動等の円滑化に係る事業の重点的かつ一体的な実施，④住民等の計画段階からの参加の促進を図るための措置である[6]。

　**バリアフリー等**，交通関連の法律は，1994年の高齢者，身体障害者等が円滑に利用できる特定建築物の建築の促進に関する法律（通称：ハートビル法廃止平成18年6月21日法律91号），2000年に高齢者，身体障害者等の公共交通機関を利用した移動の円滑化の促進に関する法律（通称：交通バリアフリー法）を経て，2006年（6月公布，12月施行）に高齢者，障害者等の移動等の円滑化の促進に関する法律（通称：バリアフリー新法）に改正統合された。

　条文で示すように対象は高齢者，障害者等であり，旧法のように障害の種別で対象が区分されるということはない。

## 3．障害者の雇用の促進等に関する法律[7]（旧 身体障害者雇用促進法）

　**障害者の雇用の促進等**に関する法律は，身体障害者又は知的障害者の雇用義務等に基づく雇用の促進等のための措置，職業リハビリテーションの措置その他障害者がその能力に適合する職業に就くこと等を通じてその職業生活において自立することを促進するための措置を総合的に講じ，もって障害者の職業の安定を図ることを目的とすると定められている（第1条）。

---

**障害者雇用対策基本方針**
　2003年3月に厚生労働省が，障害者の雇用の促進と職業の安定を図るために策定した基本方針で，2003年度から2007年度までを運営期間とした。雇用率制度を柱とした施策の推進（精神障害者の就業環境を整備し雇用率制度の対象とすること，雇用率達成指導を強化すること等）と，総合的な支援施策の推進（障害の種類や程度に応じたきめ細かな対策の推進，経済情勢に配慮した施策の推進，関係機関の連携の強化）を方向性として示した。
　　　　　　　　　　　　　　　　　　　　　　（成清美治ほか編，2009年より）

この法律は，1960年に身体障害者雇用促進法として制定される。その後の改正において1987年に身体障害者の雇用が事業主の義務化<sup>8)</sup>，1987年に現在の法律名に改題されると同時に知的障害者も適用対象となった。1997年には，知的障害者の雇用も事業主の義務化<sup>9)</sup>，2006年4月改正<sup>10)</sup>によって，精神障害者である労働者及び短時間労働者も含まれることとなった。

　障害者自立支援法に基づいて福祉サービスを利用するということにおいて，身体障害，知的障害，精神障害の障害度種別により実際に区別がなくなったのは，障害者自立支援法が改正された後であり，精神障害者に提供される（受けられる）福祉サービスの種類には差があった。

## 4．その他

　その他，障害者福祉に関連する法律等をあげ，①保健・医療関連，②保険・年金・給付関連，③交通・建物等に関するバリアフリー関連，④情報等バリアフリー関連，⑤教育等関連，⑥民法・権利関連，⑦税金・所得関連に分類し，主に障害関連に関して示した。

### (1) 保健・医療関連

1）母子保健法<sup>11)</sup>（昭和40年8月18日法律第141号）（最終改正年月日：平成20年6月18日法律第73号）

　母子保健法は，母性・乳児・育児の健康保持と増進を目的として，「母性並びに乳児及び幼児の健康の保持及び増進を図るため，母子保健に関する原理を明らかにするとともに，母性並びに乳児及び幼児に対する保健指導，健康診査，医療その他の措置を講じ，もつて国民保健の向上に寄与すること」（第1条）とされる。

　母子保健施策の柱は，健康診査等，保健指導等，療育援護等，医療対策等である。結婚前から妊娠・分娩期，新生児期，乳幼児期を一貫として施策が進められる。障害関連は，療育医療（未熟児）や調査研究｛法（調査研究の推進）第

20条の3等が関連する施策である。

2）特定疾患治療研究事業（1973年4月17日衛発第242号厚生省公衆衛生局長通知）

難病対策は，①原因不明，治療方法未確立であり，かつ後遺症を残すおそれが少なくない疾病，②経過が長期にわたり，単に経済的な問題のみならず介護等著しく人手を要するために家族の負担が重く，また精神的にも負担が大きい疾患，を範囲として規定される。現在5つの柱で事業が実施されている，それは，①調査研究の推進，②医療設備等の整備，③医療費の自己負担の軽減（特定疾患治療研究事業は，ここに位置づけられる），④地域における保健医療福祉の充実・連携，⑤QOLの向上を目指した福祉施策の推進である。

現在（平成21年10月），特定疾患治療研究事業の対象は56疾患ある。具体的には，厚生労働省健康局長の私的諮問機関である特定疾患対策懇談会の意見をもとに決定される。

図表6-1　特定疾患治療研究事業対象疾患一覧表（56疾患）

| 疾病番号 | 疾　患　名 | 対象指定年度 |
| --- | --- | --- |
| 1 | ベーチェット病 | 昭和47年4月1日 |
| 2 | 多発性硬化症 | 昭和48年4月1日 |
| 3 | 重症筋無力症 | 昭和47年4月1日 |
| 4 | 全身性エリテマトーデス | 昭和47年4月1日 |
| 5 | スモン | 昭和47年4月1日 |
| 6 | 再生不良性貧血 | 昭和48年4月1日 |
| 7 | サルコイドーシス | 昭和49年10月1日 |
| 8 | 筋萎縮性側索硬化症 | 昭和49年10月1日 |
| 9 | 強皮症／皮膚筋炎及び多発性筋炎 | 昭和49年10月1日 |
| 10 | 特発性血小板減少性紫斑病 | 昭和49年10月1日 |
| 11 | 結節性動脈周囲炎<br>(1)　結節性多発動脈炎<br>(2)　顕微鏡的多発血管炎 | 昭和50年10月1日<br>(1)　昭和50年10月1日<br>(2)　昭和50年10月1日 |

| | | |
|---|---|---|
| 12 | 潰瘍性大腸炎 | 昭和50年10月1日 |
| 13 | 大動脈炎症候群 | 昭和50年10月1日 |
| 14 | ビュルガー病（バージャー病） | 昭和50年10月1日 |
| 15 | 天疱瘡 | 昭和50年10月1日 |
| 16 | 脊髄小脳変性症 | 昭和51年10月1日 |
| 17 | クローン病 | 昭和51年10月1日 |
| 18 | 難治性肝炎のうち劇症肝炎 | 昭和51年10月1日 |
| 19 | 悪性関節リウマチ | 昭和52年10月1日 |
| 20 | パーキンソン病関連疾患[※1]<br>(1) 進行性核上性麻痺<br>(2) 大脳皮質基底核変性症<br>(3) パーキンソン病 | (1) 平成15年10月1日<br>(2) 平成15年10月1日<br>(3) 昭和53年10月1日 |
| 21 | アミロイドーシス | 昭和54年10月1日 |
| 22 | 後縦靭帯骨化症 | 昭和55年12月1日 |
| 23 | ハンチントン病 | 昭和56年10月1日 |
| 24 | モヤモヤ病（ウィリス動脈輪閉塞症） | 昭和57年1月1日 |
| 25 | ウェゲナー肉芽腫症 | 昭和59年1月1日 |
| 26 | 特発性拡張型（うっ血型）心筋症 | 昭和60年1月1日 |
| 27 | 多系統萎縮症[※2]<br>(1) 線条体黒質変性症<br>(2) オリーブ橋小脳萎縮症<br>(3) シャイ・ドレーガー症候群 | (1) 平成15年10月1日<br>(2) 昭和51年10月1日<br>(3) 昭和61年1月1日 |
| 28 | 表皮水疱症（接合部型及び栄養障害型） | 昭和62年1月1日 |
| 29 | 膿疱性乾癬 | 昭和63年1月1日 |
| 30 | 広範脊柱管狭窄症 | 昭和64年1月1日 |
| 31 | 原発性胆汁性肝硬変 | 平成2年1月1日 |
| 32 | 重症急性膵炎 | 平成3年1月1日 |
| 33 | 特発性大腿骨頭壊死症 | 平成4年1月1日 |
| 34 | 混合性結合組織病 | 平成5年1月1日 |
| 35 | 原発性免疫不全症候群 | 平成6年1月1日 |
| 36 | 特発性間質性肺炎 | 平成7年1月1日 |

| 37 | 網膜色素変性症 | 平成8年1月1日 |
|---|---|---|
| 38 | プリオン病<br>(1) クロイツフェルト・ヤコブ病<br>(2) ゲルストマン・ストロイスラー・シャインカー病<br>(3) 致死性家族性不眠症 | (1) 平成9年1月1日<br>(2) 平成14年6月1日<br>(3) 平成14年6月1日 |
| 39 | 肺動脈性肺高血圧症 | 平成10年1月1日 |
| 40 | 神経線維腫症Ⅰ型／神経線維腫症Ⅱ型 | 平成10年5月1日 |
| 41 | 亜急性硬化性全脳炎 | 平成10年12月1日 |
| 42 | バット・キアリ (Budd-Chiari) 症候群 | 平成10年12月1日 |
| 43 | 慢性血栓塞栓性肺高血圧症 | 平成10年12月1日 |
| 44 | ライソゾーム病<br>(1) ライソゾーム病（ファブリー病を除く）<br>(2) ライソゾーム病（ファブリー病） | (1) 平成13年5月1日<br>(2) 平成11年4月1日 |
| 45 | 副腎白質ジストロフィー | 平成12年4月1日 |
| 46 | 家族性高コレステロール血症（ホモ接合体） | 平成21年10月1日 |
| 47 | 脊髄性筋萎縮症 | 平成21年10月1日 |
| 48 | 球脊髄性筋萎縮症 | 平成21年10月1日 |
| 49 | 慢性炎症性脱髄性多発神経炎 | 平成21年10月1日 |
| 50 | 肥大型心筋症 | 平成21年10月1日 |
| 51 | 拘束型心筋症 | 平成21年10月1日 |
| 52 | ミトコンドリア病 | 平成21年10月1日 |
| 53 | リンパ脈管筋腫症 (LAM) | 平成21年10月1日 |
| 54 | 重症多形滲出性紅斑（急性期） | 平成21年10月1日 |
| 55 | 黄色靭帯骨化症 | 平成21年10月1日 |
| 56 | 間脳下垂体機能障害<br>1．PRL分泌異常症<br>2．ゴナドトロピン分泌異常症<br>3．ADH分泌異常症<br>4．下垂体性TSH分泌異常症<br>5．クッシング病<br>6．先端巨大症<br>7．下垂体機能低下症 | 平成21年10月1日 |

注1）平成21年10月より疾患番号46〜56の11疾患が追加されました。
注2）平成15年10月より

※1．パーキンソン病に進行性核上性麻痺及び大脳皮質基底核変性症を加え，「パーキンソン病関連疾患」と疾患名が変更されました。
※2．シャイ・ドレーガー症候群に線条体黒質変性症及びオリーブ橋小脳萎縮症（脊髄小脳変性症から移行）を加え，「多系統萎縮症」と疾患名が変更されました。

3) 新たな小児慢性特定疾患対策の確立について[16]

小児慢性疾患のうち，特定の疾患の治療研究及び医療の給付については，昭和49年5月14日厚生省発児第128号厚生事務次官通知「小児慢性特定疾患治療研究事業について」により実施された。また児童福祉法の一部を改正により2004年12月3日に同法が公布された。この法律に基づき，2005年4月1日から小児慢性特定疾患治療研究事業は，法律に基づく安定的な制度とされるとともに制度の改善・重点化を図る。

4) 小児慢性特定疾患治療研究事業実施要綱[17]

> 第1 目 的
> 児童福祉法（昭和22年法律第164号。以下「法」という。）第21条の9の2の規定に基づき，慢性疾患にかかっていることにより長期にわたり療養を必要とする児童等の健全な育成を図るため，当該疾患の治療方法に関する研究等に資する医療の給付その他の事業を行うことを目的とする。
> 第2 実施主体
> 本事業の実施主体は，都道府県，指定都市及び中核市（以下「都道府県等」という。）とする。
> 第3 対象者（対象疾患及び対象年齢）
> 本事業の対象者は，「児童福祉法第21条の9の2の規定に基づき厚生労働大臣が定める慢性疾患及び当該疾患ごとに厚生労働大臣が定める疾患の状態の程度（平成17年厚生労働省告示第23号）」（以下「基準告示」という。）により厚生労働大臣が定める慢性疾患にかかっている18歳未満の児童（18歳到達時点において本事業の対象となっており，かつ，18歳到達後も引き続き治療が必要であると認められる場合には，20歳到達までの者を含む。）であって，当該疾患の状態が当該疾患ごとに厚生労働大臣が基準告示により定める程度であるものとする。

5) 高齢者の医療の確保に関する法律[19]（旧・老人保健法）（昭和57年8月17日法律第80号）（最終改正年月日：平成22年5月19日法律第35号）

2006年，老人保健法は，高齢者の医療の確保に関する法律に改正された。施

図表6-2　小児慢性特定疾患医療給付の対象疾患(群)及び対象基準[18]

(1)　悪性新生物
(2)　慢性腎疾患
(3)　慢性呼吸器疾患
(4)　慢性心疾患
(5)　内分泌疾患
(6)　膠原病
(7)　糖尿病
(8)　先天性代謝異常
(9)　血友病等血液・免疫疾患
(10)　神経・筋疾患
(11)　慢性消化器疾患
(12)　成長ホルモン治療（初回）
(13)　成長ホルモン治療（継続）

行は，2008年4月1日からである。75歳以上の老人医療は，高齢者の医療の確保に関する法律により後期高齢者医療制度へ，保健事業は健康増進法へ移行した。つまり75歳以上の後期高齢者を対象とする医療制度である。40歳以上の者を対象として，新たにメタボリック症候群に対応するため保険者（健康組合，国民健康保険を運営する市町村等）に特定健康診査，特定保健指導を実施する制度に移行した。

後期高齢者医療制度は，75歳以上の後期高齢者と，前期高齢者で障害のある者を対象とする医療保険制度であり，他の保険制度とは独立させた形である。

医療制度改革大綱による改革による医療制度改革の一環として「健康保険法等の一部を改正する法律」(2006年6月21日公布)により，「老人保健法」から「高齢者の医療の確保に関する法律」に変更した。その内容を改正し「老人保健制度」から「後期高齢者医療制度」に改めた。制度施行は2008年4月1日。

なお，2009年9月後期高齢者医療制度廃止法案が提出され，2013年からの新たな制度へ移行するための準備がなされている。[20]

(2) 保険・年金・給付関連

1) 健康保険法[21]（大正11年4月22日法律第70号）（最終改正年月日：平成22年5月19日法律第35号）

労働者の業務外の事由による疾病，負傷若しくは死亡又は出産及びその被扶養者の疾病，負傷，死亡又は出産に関して保険給付に関する法律である。なお，市町村等が運営する国民健康保険制度の整備により1961年に国民皆保険が達成された。

2) 国民健康保険法[22]（昭和33年12月27日法律第192号）（最終改正年月日：平成22年5月19日法律第35号）

国民健康保険法は，国民健康保険事業の健全な運営を確保し，もつて社会保障及び国民保健の向上に寄与することを目的とすると定められている。保険者は，市町村及び特別区である。

3) 国家公務員共済組合法[23]（昭和33年5月1日法律第128号）（改題平成8法82・旧・国家公務員等共済組合法）（最終改正年月日：平成22年4月28日法律第27号）

この法律は，国家公務員の相互扶助事業に関する法律である。国家公務員の病気，負傷，出産，休業，災害，退職，障害若しくは死亡又はその被扶養者の病気，負傷，出産，死亡若しくは災害に関して適切な給付を行うため，相互救済を目的とする共済組合の制度を設け，その行うこれらの給付及び福祉事業に関して必要な事項を定め，もつて国家公務員及びその遺族の生活の安定と福祉の向上に寄与するとともに，公務の能率的運営に資することを目的とすると，規定される（第1条）。また特定独立行政法人移行に伴っての配慮等の規定がある。

4) 地方公務員等共済組合法[24]（昭和37年9月8日法律第152号）（最終改正年月日：平成22年4月28日法律第27号）

地方公務員等の相互扶助事業に関する法律である。地方公務員の病気，負傷，出産，休業，災害，退職，障害若しくは死亡又はその被扶養者の病気，負傷，

第 6 章　障害者福祉に関する法律と関連施策　185

出産，死亡若しくは災害に関して適切な給付を行うため，相互救済を目的とする共済組合の制度を設け，その行うこれらの給付及び福祉事業に関して必要な事項を定め，もつて地方公務員及びその遺族の生活の安定と福祉の向上に寄与するとともに，公務の能率的運営に資することを目的とし，あわせて地方議会議員及び地方団体関係団体の職員の年金制度等に関して定めるものとすると規定されている（第1条）。

5）私立学校教職員共済法[25]（旧・私立学校教職員共済組合法）[26]（昭和28年8月21日法律第245号）（最終改正年月日：平成22年3月31日法律第七号）

私立学校教職員の相互扶助事業に関する法律である。私立学校教職員の相互扶助事業として，私立学校教職員の病気，負傷，出産，休業，災害，退職，障害若しくは死亡又はその被扶養者の病気，負傷，出産，死亡若しくは災害に関する給付及び福祉事業を行う共済制度（以下「私立学校教職員共済制度」という。）を設け，私立学校教職員の福利厚生を図り，もつて私立学校教育の振興に資することを目的とすると規定されている（第1条）。

6）国民年金法[27]（昭和34年4月16日法律第141号）（最終改正年月日：平成22年4月28日法律第27号）

老齢年金及び障害基礎年金等を定めた法律である。わが国は，1961年に国民皆保険制度が整備された。国民年金（基礎年金）は，日本国に住所がある人で20歳以上の人が全て強制加入し，保険事故が生じたとき支給する公的年金の制度である。被保険者の区分は，第1号被保険者（20～60歳），第2号被保険者（最大70歳まで），第3号被保険者（20～60歳の扶養の間）である。受給開始は，原則65歳からである。給付の種類（第15条）は，老齢基礎年金，障害基礎年金，遺族基礎年金，付加年金，寡婦年金及び死亡一時金である。

7）障害基礎年金[28]

傷病によって，一定程度の障害の状態になった者に対して支給される年金（保険制度）である。支給要件（第30条）は，障害基礎年金は，疾病にかかり，又は負傷し，かつ，その疾病又は負傷及びこれらに起因する疾病（以下「傷

病」という）について初めて医師又は歯科医師の診療を受けた日（以下「初診日」という）において次の各号のいずれかに該当した者が，当該初診日から起算して1年6月を経過した日（その期間内にその傷病が治つた場合においては，その治つた日（その症状が固定し治療の効果が期待できない状態に至つた日を含む。とし，以下「障害認定日」という）において，その傷病により次項に規定する障害等級に該当する程度の障害の状態にあるときに，その者に支給する。ただし，当該傷病に係る初診日の前日において，当該初診日の属する月の前々月までに被保険者期間があり，かつ，当該被保険者期間に係る保険料納付済期間と保険料免除期間とを合算した期間が当該被保険者期間の3分の2に満たないときは，この限りでない，と規定される。

8）厚生年金保険法[29]（昭和29年5月19日法律第115号）厚生年金保険法（昭和16年法律第60号）の全部を改正する。（最終改正年月日：平成22年4月28日法律第27号）

　この法律は，この法律は，労働者の老齢，障害又は死亡について保険給付を行い，労働者及びその遺族の生活の安定と福祉の向上に寄与することを目的とし，あわせて厚生年金基金がその加入員に対して行う給付に関して必要な事項を定めるものとすると規定される。いわゆる民間企業の労働者が加入する公的保険である。保険給付の種類（第32条）は，老齢厚生年金，障害厚生年金及び障害手当金，遺族厚生年金である。

9）特定障害者に対する特別障害給付金の支給に関する法律[30]（平成16年12月10日法律第166号）（最終改正年月日：平成21年5月1日法律第36号）

　障害基礎年金等の受給権を有していない障害者に特別障害給付金を支給するに関する法律である。国民年金制度の発展過程において生じた特別な事情にかんがみ，障害基礎年金等の受給権を有していない障害者に特別障害給付金を支給することにより，その福祉の増進を図ることを目的とすると規定される（第1条）。

10) 独立行政法人福祉医療機構法[31]（平成14年12月13日法律第166号）（最終改正年月日：平成22年5月28日法律第37号）

この機構は，1954年に設立された社会福祉事業振興会，1960年に設立された医療金融公庫が，1985年に社会福祉・医療事業団として合併した。その事業団が独立行政法人に移行した機構である。

障害者関連の条文は，「第3条　心身障害者扶養保険事業等」がある。具体的には，「第12条の5　身体上又は精神上の障害があることにより日常生活を営むのに支障がある者に対して，必要な資金を貸し付けること」と定められる。

11) 特別児童扶養手当等の支給に関する法律[32]（昭和39年7月2日法律第134号）（最終改正年月日：平成17年11月7日法律第123号）

精神又は身体に障害を有する児童について特別児童扶養手当を支給に関する法律である（第1条）。

12) 児童扶養手当法[33]（昭和36年11月29日法律第238号）（最終改正年月日：平成21年5月1日法律第36号）

この法律は，父と生計を同じくしていない児童が育成される家庭の生活の安定と自立の促進に寄与するため，当該児童について児童扶養手当を支給し，もつて児童の福祉の増進を図ることを目的とすると定められている（第1条）。

13) 雇用保険法[34]（昭和49年12月28日法律第116号）（最終改正年月日：平成22年3月31日法律第15号）

雇用保険は，労働者が失業した場合及び労働者について雇用の継続が困難となる事由が生じた場合に必要な給付を行うほか，労働者が自ら職業に関する教育訓練を受けた場合に必要な給付を行うことにより，労働者の生活及び雇用の安定を図るとともに，求職活動を容易にする等その就職を促進し，あわせて，労働者の職業の安定に資するため，失業の予防，雇用状態の是正及び雇用機会の増大，労働者の能力の開発及び向上その他労働者の福祉の増進を図ることを目的とすると規定される（第1条）。

14）労働者災害補償保険法(昭和22年4月7日法律第50号)（最終改正年月日：平成22年3月31日法律第15号）（昭和22年4月7日法律50号)

業務災害及び通勤災害にあった労働者又はその遺族に，保険給付を支給する政府管掌の保険制度である。

(3) 交通・建物等に関するバリアフリー関連
1）身体障害者補助犬法(平成14年5月29日法律第49号)（最終改正年月日：平成19年12月5日法律第126号)

本法は，盲導犬，介助犬，聴導犬に関連する法律を統合する形で，作られた。身体障害者補助犬｛盲導犬・介助犬・聴導犬（第2条)｝を使う身体障害者が自立と社会参加することの促進に関する法律であり，施設，公共交通機関等を利用する場合の身体障害者補助犬の同伴等について定められている。

2）道路交通法(昭和35年6月25日法律第105号)（最終改正年月日：平成21年7月15日法律第79号)

道路交通法は，バリアフリー新法等と相まって，目が見えない者，幼児，高齢者等の保護等に対する保護等が規定される。

目が見えない者，幼児，高齢者等の保護（第14条)，運転者の遵守事項（第71条)において障害者の歩行等に対する安全に対する規定がある。

3）身体障害者旅客運賃割引規則・知的障害者旅客運賃割引規則

JR旅客鉄道株式会社等が，身体障害者，知的障害者及び介護者に対する旅客運賃割引を規定するものである。

(4) 情報等バリアフリー関連
1）情報バリアフリー関係施策

利用環境のユニバーサルデザインの推進として総務省を中心に実施している政策は，①情報アクセシビリティの確保（電気通信機器等のアクセシビリティ，ウェブアクセシビリティ）②視聴覚障害者向け放送の普及促進として，字幕番

組・解説番組等制作費の一部助成，視聴覚障害者向け番組の放送努力義務化，字幕放送普及目標の策定，進捗状況の公表等が実施されている。

関連するガイドライン等は，①障害者等電気通信設備アクセシビリティ指針」（平成10年10月郵政省告示），②障害者等電気通信設備アクセシビリティガイドライン（第1版）」（平成12年7月電気通信アクセス協議会），③高齢者・障害者等に配慮した電気通信アクセシビリティガイドライン（第2版）」（平成16年5月情報通信アクセス協議会），④情報アクセシビリティJISについて，⑤放送法（昭和25年法律第132号），⑥身体障害者の利便の増進に資する通信・放送身体障害者利用円滑化事業の推進に関する法律（平成5年法律第54号），⑦高度情報通信ネットワーク社会形成基本法（平成12年12月6日法律第144号[41]）等である。

2）身体障害者の利便の増進に資する通信・放送身体障害者利用円滑化事業の推進に関する法律[42]（平成5年5月26日法律第54号）（最終改正年月日：平成14年12月6日法律第134号）

この法律は，社会経済の情報化の進展に伴い身体障害者の電気通信の利用の機会を確保することの必要性が増大していることにかんがみ，通信・放送身体障害者利用円滑化事業を推進するための措置を講ずることにより，通信・放送役務の利用に関する身体障害者の利便の増進を図り，もって情報化の均衡ある発展に資することを目的とする（第1条）と明記される。視覚障害者，聴覚障害者に対する通信・放送に関する措置を講ずるための施策を展開する根拠法の

---

**バリアフリー化推進要綱**

この要綱は2003（平成15）年6月1日にバリアフリーに関する関係閣僚会議で決定された。目的は，10年を目途として，高齢者，障害者をはじめとするすべての人びとが社会の担い手として役割をもつ国づくりをめざすことである。なお，バリアフリー化推進にあたっての視点は次の通りである。①利用者のニーズを踏まえた施策の展開，②ハード施策とソフト施策の総合的推進，③政策間連携・調整の推進，④官民を通じた社会全体での取り組みの推進，⑤国民への積極的な情報提供・情報公開，等である。

（成清美治ほか編，2009年より）

ひとつとなる。

3）放送法[43]（昭和25年5月2日法律第132号）（最終改正年月日：平成21年4月24日法律第22号）

放送法は，放送の不偏不党，真実及び自律を保障することによつて，放送による表現の自由を確保すること，放送が健全な民主主義の発達に資するようにすること，原則に基づき，放送を公共の福祉に適合するように規律し，その健全な発達を図ることを目的とする（第1条）と定められている。

障害者関連の条文は，視覚障害者及び聴覚障害者に対する措置をできるかぎり講じるべきことが規定されている（第3条2の4）。

(5) **教育等関連**

1）教育基本法（平成18年12月22日法律第120号）（昭和22年法律第25号）の全部を改正する。

教育基本法は，わが国の教育についての原則を定めた法律であり，その全部を2006年に改正された。

前文は，「我々日本国民は，たゆまぬ努力によって築いてきた民主的で文化的な国家を更に発展させるとともに，世界の平和と人類の福祉の向上に貢献することを願うものである。我々は，この理想を実現するため，個人の尊厳を重んじ，真理と正義を希求し，公共の精神を尊び，豊かな人間性と創造性を備えた人間の育成を期するとともに，伝統を継承し，新しい文化の創造を目指す教育を推進する。ここに，我々は，日本国憲法の精神にのっとり，我が国の未来を切り拓く教育の基本を確立し，その振興を図るため，この法律を制定する」である。

前文において公共の精神を尊ぶことに対する記述があり，第2条において豊かな情操と道徳心を培うことなどが示されている。

教育の機会均等（第4条）において障害がある者に対して十分な教育を受けられるよう，教育上必要な支援を講じなければならないと，明示されている。

2）学校教育法（昭和22年3月31日法律26号）（最終改正年月日：平成19年6月27日法律第98号）

本法は，学校教育に関連するものであり，この法律で，学校とは，幼稚園，小学校，中学校，高等学校，中等教育学校，特別支援学校，大学及び高等専門学校とする（第1条），と規定されている。

障害者関連に関する条文は，特別支援学校関連（第72条，74条）について，特別支援学級関連（81条）及び疾病により療養中の児童及び生徒に対して，特別支援学級関連（137条）の規定がある。

3）障害のある児童及び生徒のための教科用特定図書等の普及の促進等に関する法律[44]（平成20年6月18日法律第81号）

この法律は，教育の機会均等の趣旨にのっとり，障害のある児童及び生徒のための教科用特定図書等の発行の促進を図るとともに，その使用の支援について必要な措置を講ずることを目的とする（第1条）。

教科用拡大図書については，平成16年度から小中学校の通常学級で学ぶ弱視の児童生徒に対して予算措置により無償供与が始まったが，その作成のほとんどをボランティア団体等に依存しているため，限られた教科と部数しか供給されない状況にあり，改善が求められていることにある。さらに検定教科用図書等については，近年，視覚障害に限らずさまざまな障害等を有する児童生徒にとって可能な限り使いやすいものとなるよう配慮することが求められている[45]。

4）著作権法[46]（昭和45年5月6日法律第48号）（最終改正年月日：平成21年7月10日法律第73号）

著作権法は，著作物並びに実演，レコード，放送及び有線放送に関し著作者の権利及びこれに隣接する権利を定め，これらの文化的所産の公正な利用に留意しつつ，著作者等の権利の保護を図り，もつて文化の発展に寄与することを目的とする（第1条），とされる。

障害者関連の条文は，視覚障害者等のための複製等（第37条），聴覚障害者等のための複製等（第37条の2）が認められている。

(6) 民法・権利関連

1）民　　法（明治29年4月27日法律第89号）（最終改正年月日：平成18年6月21日法律第78号）[47]

私的自治の原則に基づき近代法は，① 所有権の絶対性，② 契約の自由，③ 過失責任の各原則を市民生活に関する基本原理としている[48]。民法では，第1編　総則，第2編　物権，第3編　債権，第4編　親族，第5編　相続について規定されている。

障害者に関連する条文は，後見開始の審判に関して，第7条　精神上の障害により事理を弁識する能力を欠く常況にある者については，家庭裁判所は，本人，配偶者，四親等内の親族，未成年後見人，未成年後見監督人，保佐人，保佐監督人，補助人，補助監督人又は検察官の請求により，後見開始の審判をすることができる，とされる。

2）公職選挙法（昭和25年4月15日法律第100号）（最終改正年月日：平成19年6月15日法律第86号公職選挙法）[49]

公職選挙法は，「日本国憲法の精神に則り，衆議院議員，参議院議員並びに地方公共団体の議会の議員及び長を公選する選挙制度を確立し，その選挙が選挙人の自由に表明せる意思によつて公明且つ適正に行われることを確保し，もつて民主政治の健全な発達を期することを目的とする」（第1条）とされ，衆議院議員，参議院議員並びに地方公共団体の議会の議員及び長の選挙について適用される（第2条）。

本法で障害者に関連する内容は，点字投票（第47条）が認められ，身体の故障又は文盲を理由に，自ら当該選挙の公職の候補者の氏名を記載することができない選挙人の代理投票（第48条），さらに第49条2において選挙人で身体に重度の障害があるもの，の不在者投票を認めている[50]。

### (7) 税金・所得関連

1）所得税法[51]（昭和40年3月31日法律第33号）（最終改正年月日：平成22年3月31日法律第6号）

わが国の相続に関する法律である。障害者に関連する条文は，以下に示すとおりである。障害者控，除障害者である控除対象配偶者又は扶養親族がある場合の控除規定がある。

（障害者控除）

第79条　居住者が障害者である場合には，その者のその年分の総所得金額，退職所得金額又は山林所得金額から27万円（その者が特別障害者である場合には，40万円）を控除する。

2　居住者に障害者である控除対象配偶者又は扶養親族がある場合には，その居住者のその年分の総所得金額，退職所得金額又は山林所得金額から，その障害者1人につき27万円（その者が特別障害者である場合には，40万円）を控除する。

3　前2項の規定による控除は，障害者控除という。

2）地方税法[52]（昭和25年7月31日法律第226号）（最終改正年月日：平成22年5月10日法律第31号）

わが国の相続に関する法律である。障害者に関連する条文は下記に示すとおりである。障害者控除，あん摩等その他の医業に類する事業に従事するもので視力障害のある者が行うものを除く規定がある。個人の道府県民税の非課税の範囲（第24条の5），事業税の納税義務者等（第72条の2）等である。

3）相続税法[53]（昭和25年3月31日法律第73号）（昭和22年法律第87号）の全部を改正する。（最終改正年月日：平成22年3月31日法律第6号）

わが国における相続に関する法律である。障害者に関連する条文は，相続税の非課税財産（第12条），障害者控除（第19条の4），特別障害者（第19条の4第2項），贈与税の非課税財産（第21条の3），特別障害者に対する贈与税の非課税（第21条の4），関連である。

4）あん摩マッサージ指圧師，はり師，きゆう師等に関する法律[54]（昭和22年12月20日法律第217号）（最終改正年月日：平成21年4月22日法律第20号）

「視覚障害者であるあん摩マッサージ指圧師の生計の維持が著しく困難とならないようにするため必要があると認めるとき」の教育などに関する規定がされている（第19条）。

5）最低賃金法[55]（昭和34年4月15日法律第137号）（最終改正年月日：平成20年5月2日法律第26号）

精神又は身体の障害により著しく労働能力の低い者に対する減額の規定｛最低賃金の減額の特例（第7条）｝が定められている。

---

**地方分権化**

2000（平成12）年4月に施行された「地方分権の推進を図るための関係法律の整備等に関する法律」，いわゆる地方分権一括法は，地方公共団体の自主性・自立性を高め，個性豊かで活力に満ちた地域社会の実現を目的としている。この法律はこれまでの中央集権型行政システムを，住民や地域の視点に立った新しい行政システムに転換するために，「国及び地方公共団体が分担すべき役割の明確化」「機関委任事務制度の廃止及び事務区分の再構成等」「国の関与の見直し」「権限委譲の推進」「必置規制の見直し」「地方公共団体の行政体制の整備・確立」を内容とし，地域住民の全般的な福祉にも変革を促すものとなっている。

（成清美治ほか編，2009年より）

---

注）
1）衆議院「心神喪失等の状態で重大な他害行為を行った者の医療及び観察等に関する法律（法律第110号　平成15年7月16日）」
（http://www.shugiin.go.jp/itdb_housei.nsf/html/housei/15620030716110.htm?OpenDocument　2010年6月20日閲覧）
総務省 e-Gov「法令用語検索」
（http://law.e-gov.go.jp/cgi-bin/strsearch.cgi　2010年6月20日閲覧）
2）精神保健福祉研究会監修『我が国の精神保健福祉（平成19年度版）』太陽美術，2007年，165ページ参照
厚生労働省「神喪失者等医療観察法」（http://www.mhlw.go.jp/bunya/shougaihoken/sinsin/gaiyo.html　2010年7月1日閲覧　参照）

第 6 章　障害者福祉に関する法律と関連施策　　195

3）精神保健福祉研究会監修，前掲注2），165〜168ページ一部改変
4）衆議院「高齢者，障害者等の移動等の円滑化の促進に関する法律」
　（http://www.shugiin.go.jp/itdb_housei.nsf/html/housei/16420060621091.htm?
　OpenDocument　2010年6月20日閲覧）
　国土交通省「バリアフリー新法の基本的枠組み」（http://www.mlit.go.jp/
　barrierfree/transport-bf/shinpou/scheme.pdf）
5）国土交通省「高齢者，障害者等の移動等の円滑化の促進に関する法律要綱」
　（http://www.mlit.go.jp/barrierfree/transport-bf/shinpou/youkou.html
　2010年7月1日閲覧）
6）国土交通省「バリアフリー新法の概要」（http://www.mlit.go.jp/barrierfree/
　transport-bf/shinpou/outline.pdf　2010年7月1日閲覧）
7）衆議院「身体障害者雇用促進法」（http://www.shugiin.go.jp/itdb_housei.）
　nsf/html/houritsu/03419600725123.htm?OpenDocument　2010年6月20日閲覧）
　「身体障害者雇用促進法の一部を改正する法律（法律第41号　昭和62年6月1日）」
　（この法律より障害者の雇用の促進等に関する法律に改題）
　（http://www.shugiin.go.jp/itdb_housei.nsf/html/houritsu/10819870601041.
　htm?OpenDocument　2010年7月1日閲覧）
　総務省 e-Gov「法令用語検索」前掲注1）（以下，当サイト URL はすべて注1）
　に同じ）
8）衆議院「身体障害者雇用促進法及び中高年齢者等の雇用の促進に関する特別措
　置法の一部を改正する法律（法律第36号　昭51年5月28日）」
9）衆議院「障害者の雇用の促進等に関する法律の一部を改正する法律（法律第32
　号　平成9年4月9日）」改正時は，精神薄弱者（現　知的障害者）の雇用も事業
　主の義務化がなされた。
　（http://www.shugiin.go.jp/itdb_housei.nsf/html/houritsu/14019970409032.
　htm?OpenDocument　2010年7月1日閲覧）
10）衆議院「障害者の雇用の促進等に関する法律の一部を改正する法律（法律第81
　号　平17年7月6日）」
　（http://www.shugiin.go.jp/itdb_housei.nsf/html/housei/16220050706081.htm?
　OpenDocument）
11）衆議院「母子保健法」（http://www.shugiin.go.jp/itdb_housei.nsf/html/
　houritsu/04919650818141.htm?OpenDocument　2010年6月20日閲覧）
　総務省 e-Gov「法令用語検索」

12)「難病対策要綱」厚生省（昭和47年10月）
13) 難病情報センター「国の難病対策」(http://www.nanbyou.or.jp/what/nan. taisakugaiyou.htm　2010年7月1日閲覧)
14) 難病情報センター「特定疾患治療研究事業」
(http://www.nanbyou.or.jp/what/nan_itiran_45.htm　2010年6月20日閲覧)
15) 難病医学研究財団／難病情報センター
(http://www.nanbyou.or.jp/what/nan_itiran_45.htm　2010年5月30日)
16) 雇児発第0221001号平成17年2月21日厚生労働省雇用均等・児童家庭局長通知
17) 同上　別添より
18) 前掲注16)
19) 衆議院「老人保健法」(http://www.shugiin.go.jp/itdb_housei.nsf/html/houritsu/09619820817080.htm?OpenDocument　2010年6月20日閲覧)
総務省 e-Gov「法令用語検索」
20) 厚生労働省「"後期高齢者医療制度"についてご説明します。」
(http://www.mhlw.go.jp/bunya/shakaihosho/iryouseido01/info02d.html　2010年7月1日閲覧)
後期高齢者医療制度の廃止については，厚生労働省は下記のスケジュールで制度設計をし，新たな制度への移行に伴って後期高齢者医療制度を廃止する予定である。
(1) 平成22年の夏を目途に，新たな制度の基本骨格について中間的なとりまとめを行い，
(2) 平成22年末を目途に，最終的なとりまとめを行った上で，
(3) 平成23年の通常国会を目途に法案提出
(4) 平成25年4月を目途に新たな制度の施行
　この根拠は，「医療保険制度の安定的運営を図るための国民健康保険法等の一部を改正する法律（平成22年5月19日　法律第35号）」
第2　健康保険法の一部改正
　全国健康保険協会管掌健康保険に対する国庫補助率について，平成24年度までの間は，1000分の164とするとともに，同期間については，毎事業年度における財政の均衡に係る特例を設ける。
第3　高齢者の医療の確保に関する法律の一部改正
1　被用者保険等の保険者が負担する後期高齢者支援金について，平成24年度までの間，その額の3分の1を被用者保険等の保険者の標準報酬総額に応じ

たものとする。

　2　被用者保険の被扶養者であった被保険者に対して課する保険料の減額措置について，当分の間，市町村及び都道府県が行う財政措置を延長するとともに，都道府県に設置する財政安定化基金について，当分の間，これを取り崩して保険料率の増加を抑制するために充てることができるようにする。に基づくものである。

　（参議院　http://www.sangiin.go.jp/japanese/joho1/kousei/gian/174/m17403174028.htm　2010年6月20日閲覧）

21）総務省 e-Gov「法令用語検索」
22）衆議院「国民健康保険法」(http://www.shugiin.go.jp/itdb_housei.nsf/html/houritsu/03119581227192.htm?OpenDocument　2010年6月20日閲覧）
　　総務省 e-Gov「法令用語検索」
23）総務省 e-Gov「法令用語検索」
24）同上
25）同上
26）衆議院「日本私立学校振興・共済事業団法法」（平成9年5月9日　日本私立学校振興・共済事業団法法律第48号により改題）
　　(http://www.shugiin.go.jp/itdb_housei.nsf/html/houritsu/14019970509048.htm?OpenDocument　2010年7月1日閲覧）
27）衆議院「国民年金法」(http://www.shugiin.go.jp/itdb_housei.nsf/html/houritsu/03119590416141.htm?OpenDocument　2010年6月20日閲覧）
　　総務省 e-Gov「法令用語検索」
28）国民年金法（昭和34年4月16日　法律第141号）
　　障害基礎年金（第30条—第36条の4）に基づく
　　総務省 e-Gov「法令用語検索」
29）衆議院「厚生年金保険法」(http://www.shugiin.go.jp/itdb_housei.nsf/html/houritsu/01919540519115.htm?OpenDocument　2010年6月20日閲覧）
　　総務省 e-Gov「法令用語検索」
30）衆議院「特定障害者に対する特別障害給付金の支給に関する法律」
　　(http://www.shugiin.go.jp/itdb_housei.nsf/html/housei/16120041210166.htm?OpenDocument　2010年6月20日閲覧）
　　総務省 e-Gov「法令用語検索」
31）衆議院「独立行政法人福祉医療機構法」

(http://www.shugiin.go.jp/itdb_housei.nsf/html/housei/15520021213166.htm?OpenDocument　2010年6月20日閲覧)
　　総務省e-Gov「法令用語検索」
32)　総務省e-Gov「法令用語検索」
33)　衆議院「児童扶養手当法」(http://www.shugiin.go.jp/itdb_housei.nsf/html/houritsu/03919611129238.htm?OpenDocument　2010年6月20日閲覧)
　　総務省e-Gov「法令用語検索」
34)　衆議院「雇用保険法」(http://www.shugiin.go.jp/itdb_housei.nsf/html/houritsu/07419741228116.htm?OpenDocument　2010年6月20日閲覧)
　　総務省e-Gov「法令用語検索」
35)　総務省e-Gov「法令用語検索」
36)　衆議院「身体障害者補助犬法」(http://www.shugiin.go.jp/itdb_housei.nsf/html/housei/15420020529049.htm?OpenDocument　2010年6月20日閲覧)
　　総務省e-Gov「法令用語検索」
37)　衆議院「道路交通法」(http://www.shugiin.go.jp/itdb_housei.nsf/html/houritsu/03419600625105.htm?OpenDocument　2010年6月20日閲覧)
　　総務省e-Gov「法令用語検索」
38)　JR東日本「身体障害者旅客運賃割引規則」
　　(http://www.jreast.co.jp/reg_hc1/index.html　2010年6月20日閲覧)
39)　JR東日本「知的障害者旅客運賃割引規則」
　　(http://www.jreast.co.jp/reg_hc2/index.html　2010年6月20日閲覧)
40)　総務省 (http://www.soumu.go.jp/main_sosiki/joho_tsusin/b_free/b_free02.html　2010年6月20日閲覧) 関連するガイドライン等の⑦以外は，上記HPより引用
41)　首相官邸 (http://www.kantei.go.jp/jp/singi/it2/hourei/honbun.html　2010年6月20日閲覧) 引用
42)　総務省e-Gov「法令用語検索」
43)　同上
44)　同上
45)　参議院「障害のある児童及び生徒のための教科用特定図書等の普及の促進等に関する法律（平成20年6月18日　法律第81号）」
　　(http://houseikyoku.sangiin.go.jp/bill/outline20081.htm)
46)　総務省e-Gov「法令用語検索」

第6章　障害者福祉に関する法律と関連施策　199

47) 同上
48) 野崎和義『福祉のための法学（第3版）』ミネルヴァ書房，2009年，52ページ
49) 総務省 e-Gov「法令用語検索」
50) 社会福祉士養成講座編集委員会編『新・社会福祉士養成講座14　障害者に対する支援と障害者自立支援制度―障害者福祉論（第2版）』中央法規，2010年，68ページ
51) 衆議院「所得税法」(http://www.shugiin.go.jp/itdb_housei.nsf/html/houritsu/04819650331033.htm?OpenDocument　2010年6月20日閲覧)
総務省 e-Gov「法令用語検索」
52) 衆議院「地方税法」(http://www.shugiin.go.jp/itdb_housei.nsf/html/houritsu/00819500731226.htm?OpenDocument　2010年6月20日閲覧)
総務省 e-Gov「法令用語検索」
53) 衆議院「相続税法」(http://www.shugiin.go.jp/itdb_housei.nsf/html/houritsu/00719500331073.htm?OpenDocument　2010年6月20日閲覧)
総務省 e-Gov「法令用語検索」
54) 総務省 e-Gov「法令用語検索」
55) 衆議院「最低賃金法」(http://www.shugiin.go.jp/itdb_housei.nsf/html/houritsu/03119590415137.htm?OpenDocument　2010年6月20日閲覧)
総務省 e-Gov「法令用語検索」

## 参考文献

厚生統計協会『国民の福祉の動向（2009）』厚生統計協会，2009年
内閣府編『障害者白書（平成21年版）』日経印刷，2009年
精神保健福祉研究会監修『我が国の精神保健福祉（平成22年度版）』太陽美術，2010年
小澤温編『よくわかる障害者福祉（第4版）』ミネルヴァ書房，2008年
佐藤久夫・小澤温『障害者福祉の世界（第4版）』有斐閣，2010年
社会福祉士養成講座編集委員会編『新・社会福祉士養成講座14　障害者に対する支援と障害者自立支援制度―障害者福祉論（第2版）』中央法規，2010年
いとう総研資格取得支援センター編『見て覚える！　社会福祉士国試ナビ（2010）』中央法規，2009年
野崎和義『福祉のための法学（第3版）』ミネルヴァ書房，2009年
成清美冶ほか編『現代社会福祉用語の基礎知識（第9版）』学文社，2009年

====================◆読者のための参考図書◆====================

厚生統計協会『国民の福祉の動向（2009）』厚生統計協会，2009年
　わが国の社会福祉の動向を知るために必要な一冊である。

内閣府編『障害者白書（平成21年版）』日経印刷，2009年
　わが国の障害者福祉の動向を知るために必要な一冊である。

精神保健福祉研究会監修『我が国の精神保健福祉（平成22年度版）』太陽美術，2010年
　わが国の精神保健福祉の動向を知るために必要な一冊である。

小澤温編『よくわかる障害者福祉（第4版）』ミネルヴァ書房，2008年
　障害者福祉に関連するアジェンダに焦点をあて説明がされているので，従来からのいわゆるテキストと異なり，このテキストを基に各自の課題を深めることができる一冊である。

佐藤久夫・小澤温『障害者福祉の世界（第4版）』有斐閣，2010年
　障害者福祉に関する歴史，思想，制度，支援等を概観する上でわかりやすいテキストの一冊である。

社会福祉士養成講座編集委員会編『新・社会福祉士養成講座14　障害者に対する支援と障害者自立支援制度―障害者福祉論（第2版）』中央法規，2010年
　平成21年度より導入された社会福祉士養成カリキュラムに対応したテキスト。

いとう総研資格取得支援センター編『見て覚える！　社会福祉士国試ナビ（2010）』中央法規，2009年
　基本的な事項等，非常によくわかりやすく整理されている，知識の確認のために使用するとよい。

野崎和義『福祉のための法学（第3版）』ミネルヴァ書房，2009年
　社会福祉と法について知らなければならない基礎的なことを学ぶための好著である。

◇　演習課題
① あなたが住む自治体（周辺の自治体も含め）における障害者の移動等に関する問題点を調べてみよう。
② 心神喪失者等医療観察法に基づく施策と，その現状及び課題について調べてみよう。

### 考えてみよう

① 公平性と競争，福祉サービスと効率は，同時に成立することか考えてみよう。
② 差別を受ける対象は，どのように無力化されていくか考えてみよう。
③ 援助者の拠り所とはなにか，考えてみよう。

## 索 引

### あ 行

ICF　1
愛の手帳　12
医学的リハビリテーション　20
ADA（障害者のあるアメリカ人法）　17, 30
エンパワメント　18, 24

### か 行

活動制限　6
機会均等化　27
基礎調査　35
機能障害　5, 6
教育的リハビリテーション　21
居宅介護従業者　124
クォリティ・オブ・ライフ（QOL）　24
　――の向上　18
（改革の）グランドデザイン（案）　34
更生の努力　28
高齢化　2
国際障害者年　17, 27, 30
国際障害分類（ICIDH）　5
国際生活機能分類　6
国連・障害者の十年　27, 30

### さ 行

在宅生活者　35
参加制約　6
支援費制度　31
市町村障害福祉計画　141
市町村地域生活支援事業　142, 149
児童福祉法　15, 28
社会的不利　5

社会的リハビリテーション　21
社会福祉基礎構造改革　2, 30
社会福祉事業法　31
社会福祉法　31
障害　1, 4
　――の予防　27
障害（碍）者　4
　――の権利宣言　16, 26
　――の権利に関する条約　9
　――の雇用の促進等　177
　――の実態　1, 44
障害者基本法　9, 30, 56
障害者自立支援法　14, 34
障害者対策に関する新長期計画　29, 31
障害者福祉の基本理念　15
障害者プラン～ノーマライゼーション7ヵ年戦略～　30
障害程度区分　85, 96
障害福祉サービス　79, 83
職業的リハビリテーション　21
自立支援給付　79, 81
自立支援協議会　127, 134, 135, 136
自立生活　22
自立生活運動（IL運動）　22
自立への努力　28
人権に関する世界宣言　15
心身障害者対策基本法　28
心神喪失者等医療観察法　175
身体障害者　58
身体障害者障害程度等級表　49
身体障害者（児）数　36
身体障害者福祉法　9, 28
新長期行動計画　21

生活保護法　28
精神障害者　42, 64
精神薄弱者福祉法（現・「知的障害者福祉法」）　28
精神保健及び精神障害者福祉に関する法律（精神保健福祉法）　13
世界人権宣言　26
世界保健機構（WHO）　5
全人間的復権　20
相談支援専門員　118, 119
ソーシャル・インクルージョン　25

## た 行

地域社会　2
地域生活支援事業　81
知的障害児（者）　41, 62
　　　　──の権利宣言　26
知的障害者福祉法　11, 61
定率負担　86
特別支援教育　156, 163, 164
特別支援教育コーディネーター　160, 163, 166
都道府県障害福祉計画　140

## な 行

日本国憲法　28
能力障害または低下　5
ノーマライゼーション　1, 18, 76, 78

## は 行

発達障害　66
発達障害者支援法　13
バリアフリー　177, 178
ピアカウンセリング　25
法的定義　1

## ら 行

リハビリテーション　1, 18, 27
療育　96

## 編者紹介

**馬場　茂樹**（ばば　しげき）
　　　1948年生　東洋大学大学院修了社会学修士
　　　現在，創価大学文学部社会学専修教授
主著　『児童福祉』(共著)蒼丘書林　1991／『精選社会福祉法規の解説』(共著)建帛社　1992／『初めて学ぶ現代社会福祉』(編者)学文社　2002／『社会福祉士国家試験一問一答』(編者)ミネルヴァ書房　2005／『現代社会福祉のすすめ』(編者)学文社　2006／『臨床に必要な社会福祉』(共著)弘文堂　2006／『現代社会と福祉（共著)』弘文堂　2009／『国家試験対策社会福祉士ワークブック』(監修)ミネルヴァ書房　2010／『社会福祉士一問一答』(編者)ミネルヴァ書房　2010

**和田　光一**（わだ　こういち）
　　　1950年生　駒沢大学大学院修了文学修士
　　　現在，創価大学文学部社会学専修教授
主著　『分権改革と地域福祉社会の形成』(共著)ぎょうせい　2000／『子どもの育成と社会』(編者)八千代出版　2002／『はじめて学ぶ現代社会福祉』(共著)学文社　2002／『福祉機器給付ハンドブック』東京都高齢者研究・福祉振興財団　2005／『社会福祉士国家試験一問一答』(編者)ミネルヴァ書房　2005／『生活支援のための福祉用具・住宅改修』ミネルヴァ書房　2007／「知っておきたい福祉用具の給付制度」『介護福祉機器』日刊工業出版　2009.9～12月号／『国家試験対策社会福祉士ワークブック』(監修)ミネルヴァ書房　2010／『社会福祉士一問一答』(編者)ミネルヴァ書房　2010

---

シリーズ福祉のすすめ 3　現代障害福祉のすすめ

2010年9月30日　第一版第一刷発行

　　　　　　　編著者──馬　場　茂　樹
　　　　　　　　　　　　和　田　光　一
　　　　　　　発行者──田　中　千津子
　　　　　　　発行所──㈱　学　文　社

〒153-0064　東京都目黒区下目黒3－6－1
電話（03）3715-1501代　振替 00130-9-98842
http://www.gakubunsha.com

落丁・乱丁本は，本社にてお取り替えします。　印刷／東光整版印刷㈱
定価は売上カード・カバーに表示してあります。　〈検印省略〉

ISBN 978-4-7620-2115-2
Ⓒ 2010　Baba Shigeki & Wada Koichi　Printed in Japan